律令国家と隋唐文明

大津 透
Toru Otsu

岩波新書
1827

はじめに――鬼ノ城にて

岡山駅から吉備線のディーゼル車両に乗り三〇分ほどで無人駅の服部駅につく。そこでタクシーを呼び、対向も難しいほどの山道を二〇分ほど走ると、鬼城山ビジターセンターに到着する。ここが鬼ノ城の入り口で、遊歩道を一〇分ほど登れば、見事に復原された西門とそれに連なる高石垣と築地土塁の光景が目に入り、圧倒される。そこから土塁と石垣で作られた城壁に沿って、南門・東門・北門とめぐる散策コースが整備されていて、二時間弱で一周できる。鬼城山は標高約四〇〇メートルあり、総社平野が一望できるだけでなく、児島半島、さらに対岸の四国まで望むことができる絶景の地である。城壁は、すり鉢状の鬼城山の八～九合目をはちまき状にめぐり、全長は二・八キロメートルに及んでいて、城壁に囲まれた城内の面積は約三〇ヘクタールと広大である。

この鬼ノ城は、現在は古代山城だと知られているが、筆者が古代史の勉強をはじめた頃には存在すら知られていなかった。岡山の昔話に鬼神「温羅《うら》」が住むとする、桃太郎の鬼退治のも

図1　鬼ノ城　石垣(上)と復原された西門(下)

とになった伝承があり、鬼ノ城と呼ばれていたのだが、中世の山城だと考えられていたらしい。列石や水門が発見されたのが一九七〇年代のこと、発掘調査が始まったのは一九九四年で、全容が判明し、西門が復原されたのは最近の二〇〇四年になってからである。山の上だから開発をうけず、遺構の保存がよく、発掘調査と石垣などの修築によって、城門などの復原された部分だけでなく古代山城の全体が鮮やかによみがえった稀有な古代遺跡である。むしろ鬼ノ城の発掘によって古代山城がどのような構造かがわかった側面もあり、四国高松の屋島城の石垣と城門も最近発見され、復原されたのである。

現代の復原でも、よくこの山の上まで石材を運んで城門などを作ったものだと感心するほどで、古代においてどうしてこのような山城を築いたのだろうか。

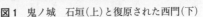

古代山城とは、六六三年に白村江《はくそんこう》の戦いで敗れた倭国が、唐・新羅の襲来に備えて作ったものである。『日本書紀』天智四年(六六五)八月条に(天智九年二月にも同様の簡略な記事がある)、

達率答㶱春初《だちそちとうほんしゅんそ》を遣して、城を長門国に築かしむ。達率憶礼福留《おくらいふくる》・達率四比福夫《しひふくぶ》を筑紫国に遣して、大野及び椽《き》、二城を築かしむ。

とあるように、百済から亡命した貴族の兵法や技術を用いて築城したので、朝鮮式山城という。さらに二年後の同六年十一月是月条にも、

倭国の高安城《たかやすのき》・讃吉《さぬき》国山田郡の屋嶋《やしま》城・対馬国の金田《かなた》城を築く。

とあり、これも同じく朝鮮半島の技術を用いた築城だろう。ここにみえる大野城(福岡県太宰府市・大野城市、糟屋郡宇美町)、基肄《きい》(椽)城(福岡県筑紫野市・佐賀県基山町)、金田《かねだ》城(長崎県対馬市)は、朝鮮式山城として有名なもので、いずれも特別史跡に指定されている。一方で九州北部を中心として列石遺構がいくつかあり、神籠石《こうごいし》と称されていたが、これも山城遺構であることがわかり、これらは神籠石系山城とされる。

かつて、史書にみえる城だけを朝鮮式山城と呼び(他に『続日本紀』に鞠智《きくち》城〈熊本県山鹿市、菊池市〉の修理記事があり、備後茨城《うばらのき》・常城《とこのき》〈所在不明〉の廃城記事がみえる)、みえないものは神籠石系山城とされていた。したがって史書にみえない鬼ノ城は神籠石となるわけだが、それはおかし

い。鬼ノ城西門のわきに復原されている角楼は、雉城《ちじょう》といわれる石塁に角を作る戦術的な構造で、朝鮮半島の山城によくみられるものである。鬼ノ城は、『日本書紀』に築城の記述のある屋島城と同様の技法で作られていて、天智朝に築かれた朝鮮式山城の一つと考えるべきだろう。鬼ノ城に温羅という鬼が住むという伝説も、造営にあたった百済貴族たちが、言葉が通じない見慣れぬ異人、鬼と感じられたのかもしれない。

この壮大な鬼ノ城であるが、史書にみえないので、これが何であるかが一番の問題である。『日本書紀』に築城の記事がないことについては、天智紀には記事の重出・錯簡が多いという『日本書紀』編纂上の特色がある(壬申《じんしん》の乱により近江朝廷の文書が失われたため)ので、本来有るべき記事が脱落した可能性があるだろう。では天智朝、白村江の戦いののち築かれたとして、何であるか。

天智朝から天武朝にかけて、「大宰《おおみこともち》」「総領」という広域行政官がみえる。大化改新のときに東国に派遣された「東国国司」「東国総領」は時代が少し前なので別にすると、筑紫大宰・周防総領・伊予総領・吉備大宰(総領)がみられる。いずれものちの令制の国よりも広い地域を管轄する行政官で、北九州から瀬戸内海沿岸地域に置かれている。朝鮮式山城の分布と一致し、九州の大野城・基肄城が大宰府の北と南の守りとして設置されたように、古代山城は大宰・総領と関係があると考えられる。

つまり鬼ノ城の築城は、吉備大宰の設置に関係するので、朝鮮半島にみられるような逃げ城として機能したのだろう。吉備大宰の管内にはほかに大廻小廻《おおめぐりこめぐり》、播磨城山、および備後の茨城・常城もあるが、狩野久氏がいうように鬼ノ城が吉備大宰（総領）の府と考えるべきだろう（周防総領府は石城山、伊予総領府は讃岐城山）。海に面して築かれ直接の防衛にあたる長門城・屋島城とは異なり、鬼ノ城などは内陸の主要道をおさえる位置を占めていて、広域行政官の大宰・総領にふさわしい城だと考えられる。八世紀になって備中国府がどこに置かれたかは、発掘されていないので正確には不明だが、服部駅の少し南に伝備中国府跡とされる地があり、鬼ノ城の南の平野部にあったことは疑いない。

吉備大宰の性格を考えるには、六七二年壬申の乱の時の『日本書紀』が伝えるエピソードが役に立つ。大海人《おおあま》皇子が東国に入ったことを聞いた近江朝廷は、佐伯男《さえきのおとこ》を筑紫に、樟磐手《くすのいわて》を吉備国に派遣して兵を興させようとしたが、「筑紫大宰栗隈王《くるくまおう》と吉備国主（大宰のこと）当摩公広嶋《たぎまのきみひろしま》の二人は、元から大皇弟（大海人）についている、反乱側につくかもしれない。もし服さない様子があれば、即ち殺せ」と命じた。その結果、使者の樟磐手は、吉備に至ると広嶋を殺した。一方、佐伯男は筑紫にいたるが、栗隈王は近江朝廷の命令に次のように述べた。「筑紫の国は、元から辺賊の難をまもる地だ。峻《けわ》しい城・深い隍《みぞ》を造り、海に臨み守っているのは、内賊のためではない。今命令をうけて軍を発せば、国が空しくなり、もし不慮のこと(外敵の襲来)が起きたら、国が滅んでしまう。だから兵を動かせない」と断固拒否し、男は空しく帰ったのである。これは壬申の乱で近江朝廷方が西国からの兵の動員に失敗したために、大海人皇子が勝利したというエピソードであり、失敗したのはそもそも二人が大海人方だったためかもしれない。しかしここで栗隈王が述べていることには一定の説得力があったので、それは筑紫大宰だけでなく吉備大宰が設置された理由も伝えているだろう。

吉備大宰は、広域の行政官というだけでなく、新羅や唐に対する防衛を任務として、徴兵権をもつ軍事組織であった。そのことを雄弁に物語るのが、鬼ノ城の遺跡なのである。大宰府に設けられた水城《みずき》や大野城、あるいは対馬の金田城など、より大規模な山城遺跡があり、天智朝の対外的緊張感を物語るのであるが、これらはいわば中国・朝鮮に接する最前線である。吉備平野の北側、かなりの内陸部であるのに、鬼ノ城というこれだけの軍事施設が築かれたことは、当時の緊張感がいかに深いものかを物語っている。狩野氏はさらにこれらの瀬戸内海沿岸地域には、国設置よりまえに軍政区としての「道」制(この場合は吉備道)がおかれ、それが天武朝に備前・備中・備後の国に分割されたと考えている。

本書では、律令国家における隋唐帝国とその文明の影響を考えてみたい。律令国家の形成は、このようないつ唐・新羅連合軍が攻めてくるかもわからないという極度の軍事的緊張のなかでなされたのである。

最初は、六世紀末の隋による中国統一以後、隋唐帝国のどのような圧力があり、いかなる東アジア情勢や外交交渉のなかで倭が国家を整備していったかをみていきたい。それは朝鮮三国にも共通する課題で、結果的に百済と高句麗は滅んでいったのである。

白村江で唐・新羅連合軍と戦い敗れ、生き残るために防備を固め、中央集権国家を作り権力を強化した。その方法が中国からの律令制の導入であったので律令国家という。八世紀初頭に編纂された大宝《たいほう》律令、あるいはそのあとの養老律令によって作られた律令国家は、もちろんそれまでとは比較にならないほど強力な中央集権国家である。しかし律令法という中国の法形式を模倣したが、内容が中国的なものであったかといえば、必ずしもそうではない。律令制の継授によってどのように中国的な、あるいは非中国的な独自の国制を築いたのかをみていきたい。

律令法は七五七年の養老律令を最後にその後編纂されないが、しかし奈良時代を通じて遣唐使などを通じて唐の文化が輸入され、それが日本の国制や天皇制に取り入れられていく。一般には八世紀以降律令制は崩壊するといわれるのだが、律令制を中国的なもの、文明化ととらえるなら、むしろ律令制はひきつづき受容され、社会に浸透し発展していくともいえるだろう。奈良時代から平安時代はじめくらいの、多くの側面における隋唐文明の受容と影響について明らかにできればと思っている。

目　次

はじめに——鬼ノ城にて

第一章　遣隋使と天皇号 ——— 1

中国統一と朝鮮、倭　3／「未開」の使者　4／冠位十二階と憲法十七条　7／『日本書紀』にのらなかった「日出づる処の天子」　8／対等外交の断念　11／天皇号の成立　12／「スメラミコト」と「天皇」　16

第二章　東アジアの緊張のなかでの権力集中 ——— 19

律令国家建設の出発点　21／太宗と倭国—唐の朝命を拒む　22／権力の集中へ　25／大化の改新　27／外交方針の模索　30／百済の滅亡　34／白村江での敗戦と国土防衛　37／高まる緊張—遣唐使の中断　39／近江令とは？　42

第三章　律令制の形成と「日本」……47
羅唐戦争——対立の一〇年　49／対立の影響　51／律令の編纂　54／浄御原令の意義　56／「日本」のはじまり　59／大宝の遣唐使——国際的緊張の清算をめざして　62／祢軍墓誌のなかの「日本」　65

第四章　固有法としての律令法……71
大宝律令と養老律令——八世紀の国制をさぐる　73／唐の律令、日本の律令——差異と共通点　74／接ぎ木された「文明」——古代日本の国家構造　79／戸籍と班田制　81／調庸制——その歴史的背景　84／税の宗教的な意味　88／律令国家のフィクション　90

第五章　官僚制と天皇……93
位階——貴族制的秩序　95／二官八省制——太政官の強い権限　98／四等官制——マヘツキミの職掌分担　101／「宣」の世界——音声の呪術的機能　103／天皇の服——なぜ規定されないのか　105／神話と儀礼——天皇統治の正統性　107

第六章　帰化人と知識・技術――111
律令国家のなかの帰化人 113／古代日本の帝国構造と技術 116／文化的背景――民族の移動と融合 119／南朝系の知識と情報 121／文書行政と史部 124

第七章　吉備真備と「礼」――127
真備町の風景 129／典籍の将来――養老の遣唐使 131／体系的な収集と修学――「礼」と「歴史」 134／「礼」による文明化 137／天皇の衣服にみる「礼」受容 139／玄昉の仏典将来 142／ふたたび入唐 145

第八章　鑑真来日と唐風化の時代――149
唐招提寺の木彫像から 151／来日の実現まで 154／唐風化としての天皇受戒 157／具足戒を授ける 159／経典、戒律の将来 161／仲麻呂政権の評価 165／新しい学制 168／尊号から漢風諡号へ 170／年中行事のはじまり――親蚕・籍田と卯杖儀礼 173

おわりに――――179
桓武天皇の郊祀 179／桓武の中国化と春秋学 181／弘仁年間の儀式整備 185／天皇制の唐風化と『貞観格』 187／律令制の展開と「古典的国制」 190／唐文化の意義 192

参考文献一覧 197
あとがき 205
図表出典一覧
索引

第一章　遣隋使と天皇号

中国統一と朝鮮、倭

長く南北に分裂していた中国は、五八九年に北朝から出た隋の文帝《ぶんてい》が南朝の陳《ちん》を滅ぼし統一され、倭は中国に使者を送ることになる。遣隋使である。隋の文帝楊堅《ようけん》は、科挙による官吏登用を定め、北魏の均田制や府兵制を継承し、郡県制を設け、律令制による強力な国家をめざしたのである。五世紀の末に南朝の宋に遣使し、冊封を受けた倭の五王の武王を最後に、百数十年のあいだ中国大陸に倭は姿を見せていなかった。

五八一年（開皇元）に隋王朝が成立すると、高句麗と百済はすぐに、朝貢して冊封を受け、それぞれ「大将軍遼東郡公《りょうとうぐんこう》」「上開府儀同三司帯方郡公《じょうかいふぎどうさんしたいほうぐんこう》」に任ぜられた。ただしその後も南朝の陳に朝貢しており、五八九年に隋が陳を滅ぼして中国を統一すると、緊張が高まったと思われる。百済はその年隋の漂着した軍艦を送還するにあたり、陳を平定した祝辞を述べ、毎年入貢するには及ばないとの詔をうけている。高句麗は湯王が「大いに懼《おそ》れ、兵を治め穀を積み」、隋の文帝はそれを叱責する璽書《じしょ》を発し、討伐をも辞さないという意志を示した（『隋書』高句麗伝）。たまたま湯王が病死したことで、危機は回避され、子の元王には「上開府儀同三司遼東郡公」（大将軍から降格された）が与えられたのだが、隋－高句麗間の緊張は高まっていたのである。

六世紀の倭の外交的関心は、もっぱら朝鮮半島南部の「任那《みまな》」にあった。「任那」といわれる加耶《かや》の地は倭と人的・資源的にも関係が深かったのだが、百済と新羅が侵略をつづけ支配を強化し、百済からはそのひきかえに五経博士《ごきょうはかせ》として儒教の学者が交替で派遣されることになる。日本にはじめて学問が本格的に輸入されたのだが、聖明王《せいめいおう》による「仏教伝来」もその一つだった。

一方で新羅とは対立がつづき、崇峻《すしゅん》朝に権力を固めた大臣蘇我馬子は、懸案だった「任那」復興をめざした。崇峻四年(五九一)に天皇は「任那」再建を群臣に諮問し、紀男麻呂《きのおまろ》を大将軍とする兵二万を筑紫に駐屯させ、使者を新羅と任那とに送って「任那の事」を詰問した。推古《すいこ》天皇が即位したあとの五九四年になって新羅は隋にはじめて朝貢し、「上開府楽浪郡公」に封ぜられた。これをうけて翌推古三年に倭は将軍を都へ戻し、兵を引いたが、倭も隋に朝貢することが必要となってきたのである。ちなみに遣隋使が派遣された六〇〇年には任那回復のために境部臣《さかいべのおみ》を将軍とする一万余の兵が海を渡っており、さらに六〇三年まで連年新羅攻撃を準備している。

「未開」の使者

六〇〇年、推古八年は、隋の文帝の開皇二〇年にあたる。『日本書紀』には記載がないが、『隋書』によれば、倭がはじめて隋に遣使朝貢したことがわかる。隋を中心とする国際秩序に入ったのである。

倭王、姓は阿毎《あめ》、字《あざな》は多利思比孤《たりしひこ》、阿輩雞弥と号す。遣使し闕《みかど》に詣《いた》らしむ。上、所司をしてその風俗を訪《と》はしむ。使者言はく、「天を以て兄と為し、日を以て弟と為す。天未だ明けざる時に政を聴き、跏趺《かふ》坐し、日出づれば便ち理務を停め、我が弟に委ねんと云ふ」。

アメとタリシヒコを姓と名と記すが、受け取った側がそうとったので、「アメタリシヒコ」が倭王の称号であると考えられ、すでにそのような称号が成立していたことになる。天の満ち足りた男子の意味で、大王を天つ神の子孫とする思想が成立していたことも示唆する。ただしこれに対しては東野治之氏が反論していて、後に遣隋使となった小野妹子《おののいもこ》（この時の使者は不明）の祖先神が「天帯彦国押人命《あめたらしひこくにおしひとのみこと》」であり、対応した隋側が君主名と誤って記録したとする。アメタリシヒコが、当時の推古や聖徳太子の名に比定できないので、もし尊称・称号とするならば、「阿輩雞弥」と重複する感じも残り、天皇に先行する称号としてアメタリシヒコがあったと断言するには躊躇される。

「阿輩雞弥」についても、オホキミと読むか、アメキミと読むか、両説がある。『通典《つてん》』巻一八五などに「華言に天児なり」という注記があることから、アメキミと読む説があるが、アメキミという称号は落ち着かず、天皇ないし大王の意味を注記したものだろう。『隋書』にのちの裴世清《はいせいせい》を「小徳阿輩台」に迎えさせたとあるのが、「大河内直糠手《おおこうちのあたいぬかて》」の姓を表記していると考えられるので、「阿輩」はオホと読むべきで、倭の君主号「大王」オホキミを指しているのだろう。

文帝はこの使者の言上にたいして、「これ太《はなは》だ義理無し」とし、「訓戒して改めしむ」とある。天を兄とし日を弟とするとか、夜が明ければ政治は弟に委ねるといってやめるとか、倭王の政治が未開の段階で、隋の皇帝に叱られたのである。『日本書紀』にこの記事が載っていないのは(編纂段階で『隋書』を見ているのは確実である)、この遣使が恥ずかしいものだったからであろう(青木和夫説)。

ちなみにこの二年前の五九八年に隋は大軍を率いて高句麗を討伐するが、多数の死者をだし、高句麗王も遣使謝罪し、一旦収まった。隋としては、倭の遣使を相手にする余裕も関心もなかったのだろう。このころ高句麗は倭にしばしば僧侶を送っており、推古三年(五九五)には慧慈《えじ》が来日した。その後二〇年滞在し聖徳太子の師となり、「三宝の棟梁《さんぽうのとうりょう》」と称され飛鳥寺に住んだ。この時期の外交は、高句麗とつながっていると考えられる。

冠位十二階と憲法十七条

第二回の遣隋使は、煬帝《ようだい》の即位した後の、大業三年(六〇七)であるが、その間に倭国では、大きな国制の整備がすすんだ。推古十一年(六〇三)に推古天皇は豊浦《とゆら》の宮から小墾田《おはりだ》宮に遷《うつ》し、十二月に「始めて冠位を行ふ」として、徳・仁・礼・信・義・智に大小を加えた冠位十二階を施行し、翌年には憲法十七条を制定したのである。広くいえば律令制のはじまりとして位置づけることができるが、前者は、朝鮮半島の影響をうけて冠の制をさだめたもので、翌年正月一日にはじめて冠位を諸臣に賜ったように、元日の朝賀など朝廷儀礼の整備の一環である。ちなみに推古十五年(六〇七)には「大礼《だいらい》小野臣《おみ》妹子を大唐《もろこし》に遣《つか》はす」、『隋書』には「小徳阿輩台」「大礼哥多毗」が裴世清を迎えたとあり、外交の場で冠位は不可欠であったので、第一回遣隋使が官位制導入のきっかけだった可能性も高い。『隋書』倭国伝には、開皇の遣隋使に続けて、「内官に十二等あり」として、冠位十二階の制が記されている。

後者は、聖徳太子信仰との関係で有名な「和《わ》を以《もっ》て貴《とうと》しとなす」(一条)、「篤《あつ》く三宝を敬《うやま》へ」(二条)など、仏教思想が中心のように考えられ、また一般的な道徳訓戒と考えられることも多い。

だがやはりこの時代に見合った国家の法であると考えるべきだろう。石母田正氏がいうように、これは「王」または「君《きみ》」と「群卿百寮《ぐんけいはくりょう》」「群臣《まえつきみ》」との間の関係、つまり君臣間の新たな秩序の確立をめざしたものだろう。「群臣共に信あれば、何事か成らざらむ。群臣信なくは、万《よろず》の事悉《ことごとく》に敗れむ」(九条)、「事を執《と》れる群卿《まえつきみ》、賞罰を明らかにすべし」(十一条)など「群臣」=大夫層の規範を定めている。

「詔を承りては必ず謹め」(三条)、「群卿百寮、早く朝《まか》りて、晏《おそ》く退《まか》でよ」(八条)は、官人としての基本的あり方を定めるが、夜が明ければ政治をやめるといっていた開皇遣隋使の言上に比べれば、ずっと文明化が進んだことがわかる。「民を使ふに時を以てするは、古《いにしえ》の良き典《のり》なり」(十六条)というのは、『論語』学而《がくじ》編の一節の引用だが、このように中国の古典が参照されるということが、この時代の政治課題が、中国文明の吸収であったことを物語っている。

『日本書紀』にのらなかった「日出づる処の天子」

第二回遣隋使は、煬帝の大業三年(六〇七)のことで、随分準備され、形式も整ったもののようである(『隋書』倭国伝)。

その王多利思比孤、使を遣はして、朝貢す。使者曰《いわ》く、「聞く、海西の菩薩《ぼさつ》天子、重ねて仏法を興すと。故に遣はして朝拝せしめ、兼ねて沙門《しゃもん》数十人をして、来たりて仏法を学ばしむ」。その国書に曰く、「日出づる処《ところ》の天子、書を日没する処の天子に致《いた》す、恙《つつが》なきや、と云々」。帝、之《これ》を覧《み》て悦ばず、鴻臚卿《こうろけい》に謂《い》ひて曰く、「蕃夷《ばんい》の書、礼無き者あり、復《ま》た以て聞《ぶん》するなかれ」。明年、上、文林郎裴清を遣はして倭国に使せしむ。

河上麻由子氏の研究によると、隋に先立つ南朝の時期、梁の武帝期を中心に仏教色の濃い上表文を伴う仏教的朝貢と呼びうる国際関係が成立していた。文帝は、まさに菩薩戒を受けた天子(「菩薩天子」)であり、梁の武帝とならぶ崇仏を行ない、しばしば「重興仏法」という表現を好んでおり、「菩薩天子が重ねて仏法を興していると(聞いて)」とは、その文帝の歓心を買おうとして考えられた表現だった。さらに東野治之氏によれば、有名な「日出づる処」「日没する処」も、『大智度《だいちど》論《ろん》』に「日出づる処は是《こ》れ東方、日没する処は是れ西方」とあるように仏典に基づく表現であり、東・西を指すとする。

しかし、三年前の仁寿四年七月に文帝は没し、煬帝が即位していた(煬帝による弑害《しがい》説もある)。そしてこの国書

人三年殯於外庶人卜日而瘞及葬置屍船上陸地牽之
或以小轝有阿蘇山其石無故火起接天者俗以爲異因
行禱祭有如意寶珠其色青大如雞卵夜則有光云魚眼
精也新羅百濟皆以倭爲大國多珍物並敬仰之恒通使
往來大業三年其王多利思比孤遣使朝貢使者曰聞海
西菩薩天子重興佛法故遣朝拜兼沙門數十人來學佛
法其國書曰日出處天子致書日沒處天子無恙云云帝
覽之不悅謂鴻臚卿曰蠻夷書有無禮者勿復以聞明年
上遣文林郎裴清使於倭國度百濟行至竹島南望𨈭羅
國經都斯麻國迥在大海中又東至一支國又至竹斯國
列傳四十六　隋書八十一　十五

図2　『隋書』倭国伝より

は受け取った煬帝の怒りに遭うことになる。なぜ「無礼だ」と怒ったのかについて、倭が日が昇り、隋が日が沈むとして、倭が上だといったからとする説があるが、これは俗説で、東野氏の指摘のように日出づると日没するとは東と西の方角を示しているに過ぎない。

問題は、倭が「天子」と名のったことだった。中華思想では、天子とは天帝の天命をうけて、天の子として世界(天下)を統治する者であり、世界の中心であり、一人しかいないのである。もう一人いれば革命になってしまう。しかも辺境の蕃夷の首長が使ったのだからとうてい認められるはずはなかった。倭は、隋と対等という主張をしたのである。なお聖徳太子は中国と対等外交を行なったといわれることもあるが、遣隋使にせよ遣唐使にせよ、それは朝貢使であるので、対等な関係でないことは前提である。

『日本書紀』では、推古十五年(六〇七)七月庚戌《こうじゅつ》条に、

大礼小野臣妹子を大唐に遣はす。鞍作福利《くらつくりのふくり》を以て通事《つうじ》と為す。

とだけ記し、この国書の内容は、翌年の遣隋使のものは載せるのに、書いていない。『日本書紀』の本文は『隋書』(唐の六三六年完成)を利用しているところもあるので、編者が『隋書』の記事を見ていないことは考えられない。東野治之氏が述べるように、『日本書紀』は意図的に載せなかったのであり、それは倭王が「天子」を名のる立場を撤回したためだろう。

対等外交の断念

煬帝は、この国書に怒ったが、しかし翌年裴世清を小野妹子の帰国に伴わせて派遣した。「新羅・百済、皆倭を以て大国となし、珍物多しとし、並びに之を敬仰し、恒《つね》に通使往来す」（『隋書』倭国伝）とみえるような、倭は大国だという主張に効果があったのか、隋が高句麗討伐の準備をしているという状況のためか、意外に篤い待遇を受けたのである。『日本書紀』によれば、推古十六年（六〇八）四月に「小野臣妹子、大唐より至る。唐国、妹子臣を号して蘇因高《そいんこう》と曰ふ。即ち大唐使人《つかい》裴世清・下客十二人、妹子臣に従ひて筑紫に至る」とあり、八月には飛鳥に入り、唐客を朝庭（小墾田宮）に招き、信物を庭中におき、国書が提出された。

皇帝、倭皇に問ふ。使人長吏大礼《ちょうりだいらい》蘇因高等、至りて懐《おもい》を具《つぶさ》にす。朕、欽みて宝命《たからのみこと》を承《う》け、区宇《あめのした》に臨み仰ぎ、徳化を広め、含霊《よろずのもの》に覃《およ》び被らしむを思ふ（以下略）。

と記録されている。「皇帝、〇王に問ふ」というのは、君臣関係のある従属国に出す国書の形式である。当然中国側は対等な関係など認めなかったのである。

九月には唐客を難波で宴会し、その帰国にあたり、再び小野妹子を大使、吉《き》士雄成《しのおなり》を小使とし派遣した。この時の推古天皇から皇帝への国書が『日本書紀』に載せられている。

東の天皇、敬《つつし》みて西の皇帝に白《もう》す。使人鴻臚寺掌客《こうろじしょうかく》裴世清等至りて、久しき憶《おも》ひ、方《まさ》に解けぬ。季秋《このごろ》、薄《ようやく》に冷《すず》し、尊《かしこどころ》 如何に。想ふに清悆《おだいか》にか。此は即ち常の如し。今大礼蘇因高、大礼乎那利《おなり》(吉士雄成)等を遣はして往でしむ。謹みて白す。具《つぶさ》ならず。

この国書は、書簡体であり、尊い人に恭《うやうや》しく差し出す形式である。「つつしみてもうす」はへりくだった言い方であり、書きとめ文言の「謹白、不具」も丁重な形式である。唐代の外交文書は、慰労詔書・慰労勅書といわれる書簡体を元にして作られた文書様式であり、書き出しや書きとめにより敬意や上下関係が表現される。先の国書の「書を致す」というのが対等な関係による書式であったのと比べて、大きく異なっている。『日本書紀』は、この国書によって隋への対応を軌道修正したことを表現しているのだろう。となると問題になるのは「東の天皇」である。

天皇号の成立

天皇号の成立については、推古朝説と天武朝説があり、最近では教科書などでも天武朝説が記されることが多い。元来は津田左右吉《つだそうきち》氏により、記紀に初代神武天皇以来天皇とあるのは、記紀の編者によって書かれたものであるから、いつから天皇号が使われたかの根拠にはならない、推古朝の金石文に、丁卯年《ていぼう》（推古十五年）に作られた法隆寺金堂薬師如来像光背銘《こうはいめい》に「池戸《いけのべ》大宮治天下天皇」などがみえることから、推古朝に天皇号が用いられたのは確実だと指摘されたのである。ところがその後、光背銘はもっと後の時代に書かれたとの主張がなされ、天武朝にまで成立が引き下げられたのである。

しかし天武朝説には問題が多い。詳しくは別に述べたので参照していただくとして（『古代の天皇制』）、たとえば天武朝説の積極的根拠として、唐の高宗が六七四年（上元元、天武三）に君主号として「天皇」を用い、それを日本で模倣したとする説があるが、この時の「天皇」は高宗本人を指す尊号（武后をも天后と称した）であり、君主号は皇帝のままであったと指摘され（坂上康

図3　法隆寺金堂薬師如来像光背銘

寺智　識之　等詣　中宮　天皇

図4　野中寺弥勒菩薩半跏像台座銘（部分）

俊説）、成立しないことが明らかになっている。また金石文についても、野中寺《やちゅうじ》弥勒菩薩《みろくぼさつ》半跏《はんか》像《ぞう》の台座銘に「中宮《ちゅうぐう》天皇」とあり（図4）、これが天智朝の丙寅《へいいん》年（六六六）とあるが、現在は天智朝のものと考えて問題はないとされていて、天智朝に天皇号が遡ることは確実である。

さらに中宮寺に伝わる天寿国繡帳《てんじゅこくしゅうちょう》の銘文（伝存するのは一部だが、文章全体は『上宮聖徳法王帝説《じょうぐうしょうとくほうおうていせつ》』および鎌倉時代の記録にみえている）には欽明と推古に「天皇」が用いられている。これは聖徳太子の死去の後、その妃橘大郎女《たちばなのおおいらつめ》が推古天皇に願い出て勅命で作られた刺繡による浄土図で、下絵は、帰化系の工人が描き、刺繡は宮中の采女《うねめ》が行なったものである。美術史の側からは、これを推古朝の遺品と考えて問題ないようである。

では六〇八年の国書にもどろう。天皇号の成立を後と考える説によれば、ここにでてくる「東天皇」は、もと「大王」や「天王」あるいは和訓を用いていたのを、『書紀』編者が改作したことになる。中国史家の堀敏一氏は、かりに「大王」「天王」では、天子を用いて対等をめざしてきた前の国書からあまりに後退してしまい使いそうもないなど難点があるとして、国書には「東天皇」とあったと考えるべきで、「日出処天子」で不興を買った第一次国書をうけて、天子に替わる号として「天皇」を考えだし、この国書により天皇という君主号をはじめて明らかにしたと想定している。筆者もこの説に賛同するが、倭国は文帝の「訓令」をうけて、丁重に譲歩しながら、一定の自己主張を貫いたといえるだろう。石母田正氏は、「天皇」という君主号が、一方において朝鮮の諸王の「大王」号と区別され、他方において中国の君主の「皇帝」「天子」号とも区別される、第三の新しい称号であったことに重要な意味を認めている。

もっともこの天皇号を隋が受け入れたかは疑問も残る。奈良時代には、唐に対して「天皇」を用いず、和語「主明楽美御徳（スメラミコト）」を用いてごまかしていたことが、七三六年（開元二十四）に玄宗が聖武に送った国書（張九齢《ちょうきゅうれい》『曲江集』）からわかる。「天皇」号は使っていなかったらしい。隋・唐にとっては、「倭王」「日本国王」以外ではありえないだろう。吉田孝氏は、小野妹子は「東の天皇」の国書を、本当に隋の朝廷に提出したのだろうかと疑問を投げかけている。『隋書』は、「また使者をして清（裴世清）に随ひ来たりて方物《ほうぶつ》を貢ぜしむ」としか記していない。前回の帰国時にも妹子は煬帝の授けた書を途中の百済で奪いとられたと報告しており、倭に対して厳

図5 天寿国繍帳

しい内容だったので妹子が独断で握りつぶしたと推測され、この時も提出しなかった可能性を指摘する。ここまで整えられた国書をまったく見せなかったとも考えにくいが、隋が天皇号を認めなかった可能性は残るだろう。君主号の成立の契機が、対国内ではなく対外交渉にあったとすることは説得力があるだろう。

「スメラミコト」と「天皇」

奈良時代には、天皇はスメラミコトと読まれた。儀制令《ぎせいりょう》には、君主号として天子・天皇・皇帝を規定する。大宝令の注釈書の「古記」は、天子は祭祀に用いられてスメミマノミコトと称すると述べるが、『令集解《りょうのしゅうげ》』の他の注釈書では、すべてスメラミコトだと述べる。スメラミコトは、天皇の訓というよりも、本来漢字の君主号天皇とは独立して成立した和語だったと考えるべきだろう。知っていなければ、天皇をスメラミコトとは読めない。重要なのはスメラミコトに内包される意味である。

スメラミコトは、スメラとミコトに分けられる。スメラは、西郷信綱氏によれば、「澄む」や鏡と結びつけて、王の清澄、神聖なる性質を述べた語であるらしい。ミコトはニニギの尊のように、貴人に尊敬してつける語なので、敬語のかたまりである。ミコトの本来は「御言」であり、天皇の命令はミコトノリ（詔書）として音声で読み上げられた。その詔を宣命《せんみょう》といい、「天皇が大命とのりたまう大命をここにいる人々は聞くように」と定型的に読み上げられるが、冒頭は「スメラがオオミコト」と読む。スメラがオオミコトはスメラミコトと同義であるから、スメラミコトは発せられた命令そのものであり、命ずる主体とその発した言葉の神威性を印象づけることを目的とした言葉だったと考えられる。さらにスメラミコトと同類の語として、スメロキ・スメミオヤノミコト・スメカミなど、スメのつく語があり、記紀神話を背負う皇統を指す語らしい。おそらくこれらは推古朝以前に成立していて、スメラミコトに対応する語として天皇号が考え出されたのだろう。

一方で天皇という漢語は、どのような意味をもつか。一つには、北極星などの星を指して、道教の神という意味がある。これは天武朝に道教思想が広まったとして、天武朝説の根拠の一つでもあるが、古代道教の研究者である下出積與氏は、初期道教において天皇は必ずしも最高神の地位にないのでおかしいとして、「「天皇」称号の由来は、日本の天皇は天つ神の子孫として天から降ったものであるという古伝承に基づいて、それに適合する中国の成語として「天皇」というのを借用した」と述べている。日本の天皇には道教的要素は少ない。

吉田孝氏は、『史記《しき》』秦始皇本紀の、秦王政が新たな称号を重臣に考えさせ、「天皇・地皇・

泰皇」の三皇のうち「泰皇」が提案され、それに対して「泰」字を去り「皇」に「帝」をつけて「皇帝」号が創始されたという記事が参照され、三皇のうちの「天皇」が、天の字をふくみ、王の字を含まないことから選ばれたのではないかとしている。

倭国は、倭王でない天皇という君主号を主張したことにより、〇〇大将軍倭王とか〇〇郡公倭王のような冊封を隋からうけなかった。このことは唐代においてもおそらく外交問題化するが、結果として日本古代国家の歴史に大きな影響を与えたというのが吉田説である。冊封をうけないという独自な立場は、逆に隋唐を中心とする冊封体制のもつ意味を浮かび上がらせる。

推古二十二年(六一四)六月に、第四次遣隋使が派遣される。『日本書紀』には「犬上君御田鍬《いぬかみのきみみたすき》・矢田部造《やたべのみやつこ》名は闕《もら》せり を大唐に遣はす」とあるが、『隋書』には載せられていない。この年は煬帝が第三次高句麗遠征を強行した年にあたる。隋ではすでに反乱が起き、遠征終了後に本格的な蜂起がおき、混乱状態に陥る。翌年九月に御田鍬らは百済経由で帰国したと記されるが、朝貢使としての使命は果たさなかったのだろう。六一八年に煬帝は逃れた揚州で殺され隋は滅ぶ。しかし遣隋使で派遣されて隋唐の交替を目にした学生・留学僧が、帰国して、律令制の形成に寄与していくのである。

第二章　東アジアの緊張のなかでの権力集中

律令国家建設の出発点

中国では、太原留守だった李淵《りえん》が挙兵し、六一八年に皇帝位に即位、唐を建国する。しばらくは内乱状態が続くが、六二一年（武徳四）に次男秦王李世民《りせいみん》の活躍で王世充《おうせいじゅう》・竇建徳《とうけんとく》連合軍を破り、六二四年には、武徳律令を公布し、隋文帝の開皇律令を継承した。さらに世民は、六二六年に玄武門《げんぶもん》の変で兄の太子などを殺害し、第二代皇帝（太宗）についた。翌年貞観《じょうがん》と改元し、「貞観の治」と呼ばれる、安定した治世を迎える。

唐が成立すると、朝鮮三国は順次入朝したが、六二四年（武徳七）正月（または二月）になって高句麗王・百済王・新羅王をそれぞれ遼東郡王・帯方郡王・楽浪郡王にまとめて冊封した。高祖は、朝鮮半島に不介入というか、様子をみる姿勢だったようである。倭ではこの二年前に聖徳太子が、二年後に蘇我馬子が亡くなっており、推古朝末年の倭には対応できなかったのだろう。

推古三十年（六二二）七月に、新羅が任那とともに倭に遣使し、聖徳太子の死を悼んでか、仏像・金塔・舎利《しゃり》を献上した（現行の『日本書紀』は推古三十一年とするが、最古の写本である岩崎本は三十年とする）。

七月、新羅、大使《おおつかい》奈《な》末智《まち》洗爾《せんに》を遣はし、任那、達率奈末智《だちそちなまち》を遣はして、並びに来朝せり。（中略）この時に、大唐の学問者《ものならいひと》僧《ほうし》恵《え》斉《さい》・恵光《えこう》及び医恵日《くすしえにち》・福因《ふくいん》等、並びに智洗爾等に従ひて来る。ここに、恵日等共に奏聞《もう》して曰《もう》さく、「唐国《もろこし》に留まる学者《ものならいひと》、皆学びて業《みち》をなしつ。喚《め》すべし。またその大唐国は、法式《のり》備り定れる珍《たから》の国なり。常に達《かよ》ふべし」とまうす。

このうち福因は、推古十六年（六〇八）に遣隋使で派遣された八人のうちのひとり「学生倭漢直《やまとのあやのあたい》福因」であり、遣隋使で派遣されて、動乱の中帰国できなくなっていた人々が、唐と新羅との通交によって、帰国を果たしたのだろう（このあとの是年条に、新羅への出兵が議されている記事があるが、別年の記事の混入かもしれず、新羅と平和な関係だったことが前提であろう）。

まず隋に送って唐に残っている留学生・留学僧の召喚をすすめ、さらに唐は律令など法式の備わった国だとして（実際には武徳律令以前であり、隋の開皇・大業律令か、それを踏襲した官制などを指すか）、遣唐使の派遣を勧めたのである。彼らの帰国を許した唐朝の意向も背景にあるだろう。遣唐使の派遣が、律令を学ぶべきだという文脈で述べられていることから、律令国家建設の出発点を読み取ることができる。

太宗と倭国――唐の朝命を拒む

推古天皇は、三十六年（六二八）三月に七五歳で亡くなる。女帝だったため、葬儀が終わっても後継者が定まらず（聖徳太子はすでに亡くなっていた）、大臣蘇我入鹿《いるか》のもとで、田村《たむら》皇子と山《やま》背大兄王《しろのおおえのおう》のいずれを皇位にすべきか、大和朝廷を構成する有力豪族を代表する大夫の会議が開かれた。意見が分かれたが、最終的に田村皇子に決まり、舒明元年（六二九）正月に「大臣《おおおみ》及び群卿《まえつきみたち》、共に天皇《すめらみこと》の璽印《みしるし》を以て、田村皇子に献《たてまつ》る」とあり、固辞したものの、即位し舒明天皇となった。そして二年八月に、

大仁《だいにん》犬上君三田耜《みたすき》（御田鍬）・大仁薬師《くすし》恵日を以て、大唐に遣す。

と第一次遣唐使を派遣する。遣使を提言した恵日自身が実行し、御田鍬も前回の使命を果たせなかった遣隋使をやりなおしたということになる。翌六三二年（貞観五）に長安に至り、太宗に謁見する。『旧唐書《くとうじょ》』巻一九九倭国伝に、

貞観五年、使を遣はし方物を献ず。太宗その道の遠きを矜《あわ》れみ、所司に勅して歳貢《さいこう》せしむることなからしむ。また新州刺史《しし》高表仁《こうひょうじん》を遣し、持節《じせつ》して往《ゆ》きてこれを撫《ぶ》せしむ。表仁、綏遠《すいえん》（遠方を安んずる）の才無く、王子と礼を争ひ、朝命を宣《の》べずして還《かえ》る。

とある。太宗は、倭の遣使に対して毎年朝貢する義務を免除した。一般には、倭国は時々朝貢すればよい、冊封を受けない「不臣《ふしん》」の外夷という立場が認められたと解するのだが、西嶋定生氏が指摘するように、歳貢を免除することの前提には、本来歳貢の義務がある。したがって、太宗は倭を不臣のまま放置することを意図していない可能性がある。

六三二年、唐は、御田鍬を送る形で高表仁を派遣した。この時に唐に滞在していた学問僧霊雲《りょううん》・僧旻《みん》（新漢人《いまきのあやひと》日文《にちもん》）も帰国を果たし、新羅の送使も従っていた。唐と高句麗の緊張が高まる中で、新羅が唐に近づき、唐の意向を受けて動き、倭にも働きかけているらしい。高表仁の父は高熲といい、隋建国の功臣の一人であり、文帝即位とともに尚書左僕射《しょうしょさぼくや》・納言《のうげん》という最高の地位についた。表仁自身も唐代には尚書右丞・鴻臚卿（三品《さんぼん》）を経て、おそらく左遷されて新州（嶺南道）の刺史（四品《しほん》）にいたことを池田温氏が考証している。当時の唐から朝鮮三国への使者は五品官であり、このときの高表仁は、朝鮮への使者よりも高位の抜群の貴族であって、何か重要な使命を担っていたのではないか。

『日本書紀』には舒明四年（六三二）十月に「唐国の使人《つかい》高表仁等、難波津《なにわのつ》に泊れり。則《すなわ》ち大《おお》伴連馬養《とものむらじうまかい》を遣はして、江口《えぐち》に迎へしむ」として、「天子の命ずる所の使ひ、天皇の朝《みかど》に到《もうい》たれりと聞きて、迎ふ」と馬養が述べて唐使を迎える儀礼を行ない、難波の館（外交施設）に入って神酒を給わった記事があるが、翌五年正月にいきなり「大唐の客高表仁等、国に帰りぬ」と帰国の記事が出てきて、不自然である。中国の記録のように「礼を争って」「朝命を宣べず」に終わったらしい。「礼」とは、皇帝の使いは上位で殿上に昇り南面し、倭王は臣下として北面して詔をうけとるというような儀礼であろう。それによって宣べられなかった朝命とは、倭王に官職品階をあたえる冊封であった可能性があるが、舒明の朝廷は、隋との関係を継承し、それを拒んだのだろう。さらに、『冊府元亀《さっぷげんき》』巻六六四、『通典』巻一八五、『唐会要《とうかいよう》』巻九九に先の『旧唐書』と同内容の記事があるが、最後に「是によりて復絶ゆ」「是によりて遂に絶ゆ」とあり、これは『太宗実録』の記事をもとにしていると考えられる。太宗の意向を拒んだことは、当然唐と倭の関係に影響を与え、太宗の在位中には遣使できなかったのである。

権力の集中へ

唐の北方には強国突厥《とっけつ》があり、唐初には突厥の勢力が唐を上回っていた。太宗は、突厥に隷属していた鉄勒《てつろく》諸部が反乱を起こしたのに乗じて出兵して、六三〇年(貞観四)に突厥の頡利可汗《きつりかがん》をとらえて東突厥を崩壊させ、そこに羈縻州《きびしゅう》をおいた。さらに西方のトゥルファン盆地には麴《きく》氏の高昌国があったが、六四〇年(貞観十四)にこれを滅ぼし、西州を置き、直接統治を行なった(その様子は、日本の大谷探検隊が将来した大谷文書や中国側が発掘した吐魯番文書に詳しい)。こうした北方と西域経営の成功をうけて、このころから唐では高句麗遠征の気運が高まったようで、朝鮮半島の緊張が高まっていく。ついに太宗は、六四四年(貞観十八)末には、高句麗の無道を誅《ちゅう》すとして一〇万の大軍を遼東に派遣し、翌年には自ら親征して高句麗に対する戦争を開始するにいたる。

舒明十一年(六三九)に「大唐学問僧恵穏《えおん》・恵雲《えうん》、新羅の送使に従ひて京に入る」、翌年には「大唐学問僧清安《せいあん》・学生高向漢人玄理《たかむくのあやひとげんり》、新羅より伝《つたわ》りて至れり」と、連年第三回遣隋使で派遣された留学生が帰国している(清安は南淵漢人請安である)。留学生が勝手に帰国できたわけではないし、唐の友好国である新羅が送っていることからも、唐朝の政治的意図が含まれていただろう。彼らは自らの目で見た緊張感を伝えると同時に、唐への朝貢を促すような報告をしたのだろう。六四五年(貞観十九)、唐・高句麗戦争が開始された年に大化改新のクーデターが起きたのは偶然ではないだろう。

舒明天皇は、十三年(六四一)に百済宮で亡くなり、殯宮では「東宮開別皇子《もうけのきみひらかすわけのみこ》、年十六にして誄《しのびこと》したまふ」と『日本書紀』は伝える。しかし開別=中大兄《なかのおおえ》はまだ若く、山背大兄もいるので、翌年正月に中継ぎ女帝として、皇后である宝皇女《たから》が即位する。皇極天皇である。皇極は、ひきつづき蘇我蝦夷《えみし》を大臣としたが、その子蘇我入鹿が権力を握り、蘇我氏の専横が目立つようになる。皇極二年(六四三)十一月に入鹿が山背大兄王を殺して、古人大兄皇子《ふるひとのおおえ》の即位をめざした。

石母田正氏は、この時期に唐の圧力のもとで朝鮮三国に起きた権力集中の三つの型に注目している。一つは百済型で、六四一年に即位した義慈王《ぎじおう》の専制君主的性格で、弟の王子や重臣を追放することで権力を集中し(太子を廃された豊璋《ほうしょう》と妻子たちは六四三年に倭国に渡ってきた)、官司制がささえた。第二は高句麗型で、六四二年に権臣泉蓋蘇文《せんがいそぶん》は国王を殺して、宝蔵王《ほうぞうおう》を擁立し、諸大臣以下を惨殺して自ら「莫離支《ばくりし》」となった。宰臣が権力を独占する形である。第三の新羅型は、王族金春秋《きんしゅんじゅう》(後の武烈王《ぶれつおう》)にみられ、王位に就く資格のある王族の一人に権力が集中され、王位には善徳女王・真徳女王という権力を持たない女帝をつけ、貴族の評議で国家の大事を決定する機関である「和白《わはく》」が重要な役割を果たしたとする。

倭でも、蘇我入鹿が専制体制を布いたのは、百済や高句麗の政変の報をうけて、権力強化をめざした高句麗型の専制体制の試みであり、それを滅ぼした中大兄皇子は万機総摂《ばんきそうせつ》による新羅型の権力集中を行なったと、大化改新から斉明《さいめい》朝を位置づけている。大化改新は、唐太宗の厳しい圧力に対抗するための、朝鮮三国と共通する国家機構をつくる試みであった。

大化の改新

皇極四年(六四五)六月、飛鳥板葺宮の正殿で三韓《みつのからひと》の調《みつき》を献上する儀式があり、その場に出席した蘇我入鹿を中大兄が斬り殺し、翌日には蘇我蝦夷も自尽した。このクーデターを干支をとって「乙巳《いっし》の変」と呼ぶ。女帝は譲位し、弟の軽皇子《かるのみこ》が即位して孝徳《こうとく》天皇となり、中大兄は即位を辞退して皇太子となった。さらに『日本書紀』によれば大化二年(六四六)正月朔日に改新の詔が出され、氏が所有する私有民を廃止し、京・畿内や郡をおき、戸籍・計帳・班田収授《はんでんしゅうじゅ》の法を造れ、などとあり、この一連の国制改革を大化の改新という。詔の文章は、のちの大宝律令の条文をそのまま引用して修飾されていることがわかり、述べられていることがすべて行なわれたとは考えられない。戦後古代史研究の中心となった郡評論争という議論があり、第二条に「郡」を置くと書いてあることの信憑性が論じられてきたが、大宝令以前には「評《こおり》」であったことが木簡の出土により判明した。そこから大化の改新は虚構であるとして、存在自体を否定する説も出された。しかし、発掘によって難波宮が実際に造られたことがわかり、郡評論争の結果、逆に評というのちの郡につながる地方行政組織の設置と、その評の官人の任命が、孝徳天皇の大化年間に全国で行なわれたことが明らかになった。中央集権をめざして国制改革が行なわれたことは否定できないだろう。

改新の詔の内容は、第二条が京や郡(評)をおき、郡司《ぐんじ》を任命する規定であり、第三条には「初めて戸籍・計帳・班田収授の法を造れ」とあり、五〇戸ごとの里長《りちょう》をおくこと、第四条には、田の調《ちょう》・戸別の調を規定し、仕丁《しちょう》の徴発と采女の貢進とそれをささえる庸《よう》(チカラシロ)の布・米の徴収規定を定める。戸籍が実際に造られるのは、天智朝の庚午年籍《こうごねんじゃく》であるから、あとの時代に実現されていくものがある。一方で、二官八省のような中央官制の規定はみえず、地方における評の設置と籍帳や調や庸の規定から、もっぱら民衆の領域的支配に大化の時点での改革の課題があったことがうかがえる。日本における律令制においては、戸令《こりょう》・田令《でんりょう》・賦役令《ぶやくりょう》という民衆支配にかかわる篇目が重視されたのだが、第三条は構想の段階かもしれないが、第四条とあわせれば、籍帳・班田収授制・徴税がすでにこの時に律令制導入の中心にあることがわかり、律令制の導入が確かにはじまっている。

第四条には「田の調《たのみつき》」として絹《かとり》・絁《ふとぎぬ》・布を規定する。これは畿外を対象としたと考えられ、田一町で絹一丈とか布一端とかのおおざっぱな数字であることは、個人への賦課ではなく、国造《くにのみやつこ》あるいは評への貢納の割り当てという意味だろう。後の律令制下においても、繊維製品だけでなく水産物など地域の特産物が多く規定されていて、在地首長に率いられた共同体での生産を前提に、郡司の天皇への服属を表すミツキの貢納という性格を残していた。また仕丁や采女などの都への貢上に伴い、彼らの食料や生活費として五〇戸や一〇〇戸から庸米・庸布の徴収を規定する。これは律令制にはみられないものだが、番上《ばんじょう》したトモを郷里のべが支える部《べ》民《みん》制における慣習を基礎に、改新の詔で規定されたチカラシロとしての庸が、やがて全正丁《せいてい》に拡大されることにより律令での人頭税である歳役の代納としての庸が制度化されていくのである。国造制や部民制を基層におきながら、国造を評に編成しなおし、新たな税制を作ろうとしている律令制のはじまりを読み取ることができるだろう。

外交方針の模索

大化の改新において、東アジアの緊張が高まるなかで、どのように国家を強化するかという問題は天皇家も諸豪族も共有していた。外交方針については、蘇我氏は伝統的に親百済(および高句麗)の政策をたもち、新政権は親新羅・親唐路線へ転換したという説がある。ただし筆者はかつて、それが外交政策上の対立あるいは転換であるかは、諸説ありよくわからず、明確な外交方針が確立していなかったのではと記したことがある。それは、留学経験のある僧旻や高向玄理を国博士《くにのはかせ》に任じたことから、新政権が唐を視野に入れた集権化をめざしたことは明らかだが、中大兄と斉明(皇極)はのちの六六〇年代に百済救援をくわだて、惨敗を喫するので、矛盾しているように感じたからだった。

大化改新否定論のなかで、『日本書紀』は、律令制の起点を大化におき、それを主導したのは中大兄と中臣鎌足《なかとみのかまたり》であるという史観に立っているので、そこにはフィクションや潤色がはいっていると論じられた。これは、『日本書紀』は一定の史観に基づく著作物であることを指摘した、内的な史料批判として重要な意味がある。かつて門脇禎二氏が指摘し、最近森公章氏も『天智天皇』でいうように、大化改新の主体は孝徳天皇であると考えたらどうだろう。つまり石母田氏の権力集中の類型によれば、大化改新は新羅型でなく、王自らが権力集中する百済型なのではないだろうか。白雉《はくち》四年(六五三)に、中大兄が、皇祖母尊(皇極)と間人皇后をつれて難波を去り飛鳥河辺行宮《あすかのかわべのかりみや》に遷ってしまうのだが、これが外交方針の転換あるいは対立の表面化を示しているのだろう。改新政府が、国博士の任命にみられるような親新羅・親唐路線の孝徳天皇中心の政権だとすると、それは唐側の働きかけが背景にあった可能性があるだろう。

『日本書紀』は、大化二年(六四六)九月に、国博士に任じた「高向博士黒麻呂《たかむくのはかせくろまろ》(玄理)」を新羅に派遣し、「質《むかわり》を貢《たてまつ》らしめ、遂に任那の調を罷《や》めしむ」と記す。前世紀からの懸案であった「任那の調《みつき》」を諦めたことは、新羅に対する譲歩であり、親新羅という外交方針を示している。このことは、同時に律令国家が朝鮮半島の支配を諦め、日本列島内を統治するものになったという点でも大きな意味がある。

新羅では翌年の六四七年にクーデターが起き善徳女王が殺されたが(毗曇《ひどん》の乱)、王族の金春秋は金庾信《きんゆしん》とともに反乱を鎮圧して真徳女王を擁立すると、この年、質(人質)として「上臣《まかりだろ》大阿飡《だいあさん》金春秋」その人が来朝した。さきの新羅型の権力集中の中心人物である。「姿顔《かお》美しく、善《この》みて談笑す」と『日本書紀』はその人となりを称えている。当然外交的に大きな意味があったはずで、新羅との連携が模索されたのだろう。翌六四八年には彼は倭を去り、唐に入朝する。唐と結んで高句麗を包囲する路線を進めていく。『旧唐書』倭国伝にはこの年（貞観二十二年）「また新羅に附し表を奉りて、以て起居を通ず」とある。手紙で挨拶したくらいの意味だが、前回の遣唐使以来の膠着状態を打開しようと、太宗に連絡をしたのだろう。間に立ったのは、唐に向かった金春秋であったに違いない。

金春秋は唐との紐帯を確信し、新羅帰国後六四九年には唐の衣冠《いかん》を採用し、六五〇年には唐の年号を採用するなど唐化政策を進めたのである。白雉二年（六五一）には、新羅の貢調使が唐国の服をきて、筑紫にきたが、倭は勝手に俗を改めたとして、追い返してしまう。左大臣についていた巨勢徳太《こせのとこだ》は、今新羅を討たないと悔いを後に残すと強硬策を主張した。このように改新政府には反新羅の意見も根強く存在して、決して一枚岩でないことがわかる。

改新政府は白雉四年（六五三）、ようやく第二次遣唐使を派遣する。今回は、二船にわかれて、吉士長丹《きしのながに》と高田根麻呂《たかたのねまろ》をそれぞれ大使とする。異例だが、北路と南路で派遣されたようで、南路（東シナ海を直接渡る）をとった高田根麻呂の船は遭難してしまう。翌年七月には西海使吉士長丹が百済・新羅の送使とともに帰朝した記事があるが、唐の天子から「多く文書・宝物を得た」とほめられているので、高宗に代替わりしたこともあって、歓待を受けたらしい。

そして、遭難の情報があったためか吉士長丹の帰朝をまたずに、白雉五年二月（一説に五月）に第三次遣唐使が派遣された。これは押使《おうし》（大使の上に置かれる）に高向玄理、副使にも薬師恵日が任命され（大使は河辺臣麻呂《かわべのおみまろ》）、改新の中心である親唐派の遣唐使で、新羅経由であった。前年に中大兄が難波から飛鳥に移ってしまい、あるいは孝徳天皇中心に親唐派が巻き返しを図ったのかもしれない。これについては中国側に記録が残る。『唐会要』巻九九に、

永徽《えいき》五年（六五四）十二月、遣使して、琥珀《こはく》・瑪瑙《めのう》を献ず。（中略）高宗書を降《くだ》して慰撫《いぶ》す。仍《よ》りて云《い》はく「王の国は新羅と接近す。新羅もと高麗・百済の侵《おか》すところとなる。もし危急あらば王宜《よろ》しく兵を遣はし、これを救ふべし」と。

『新唐書』日本伝にも、「高宗、璽《じ》書《しょ》を賜ひ、兵を出し新羅を援《たす》けしむ」とあり、新羅援助の出兵を命じられるという重大な外交的使命を与えられた。しかし『日本書紀』には、翌年の斉明元年八月に「河辺臣麻呂等、大唐より還る」とたった一行の記載があるだけである。責任者だった高向玄理が唐で客死して帰国できなかったことの影響が大きいのだろう、新羅・唐の同盟に加わるという外交戦略は無駄になり、高宗の璽書は黙殺され、唐の言うことを聞かなかっ

た。おそらく遣唐使を主導した孝徳も前年に亡くなり、斉明と中大兄による政権は、従来の親唐・親新羅路線とは異なる方針をとることになる。

百済の滅亡

斉明五年(六五九)、坂合部石布《さかいべのいわしき》と津守吉祥《つもりのきさ》による第四次遣唐使が派遣される。この時は道奥《みちのく》の蝦夷《えみし》男女二人を連れて行って、唐の天子に見せた。この使いの活動は、『日本書紀』が引用する遣唐使随員の「伊吉連博徳書《いきのむらじはかとこがふみ》」によって、詳細が日記として記録されている。七月三日に難波を出発した一行は、百済を経て、越州会稽県(浙江省紹興)に着き、閏十月二十九日に皇帝高宗を追って、長安から東都洛陽にはいり、翌日謁見した。高宗は蝦夷に興味を示し、遠方の未開の蝦夷が入朝したと喜んだようである。ただし経路がそれまでの新羅経由でなく百済経由となっていることに注目すべきだろう。十二月に勅旨がでて、「国家、来《きた》らむ年、必ず海東の政《まつりごと》有らむ。汝等倭の客《まろうと》、東に帰るを得ざれ」として、長安に幽閉されてしまう。倭は百済側についていると思われていたのである。

唐は高句麗の前に百済を滅ぼす戦略をとった。翌六六〇年(顕慶五)三月に蘇定方《そていほう》を神丘道行軍大総管とし水陸十万の兵を以て百済に進撃し、さらに新羅武烈王に五万の兵を興させ、百済

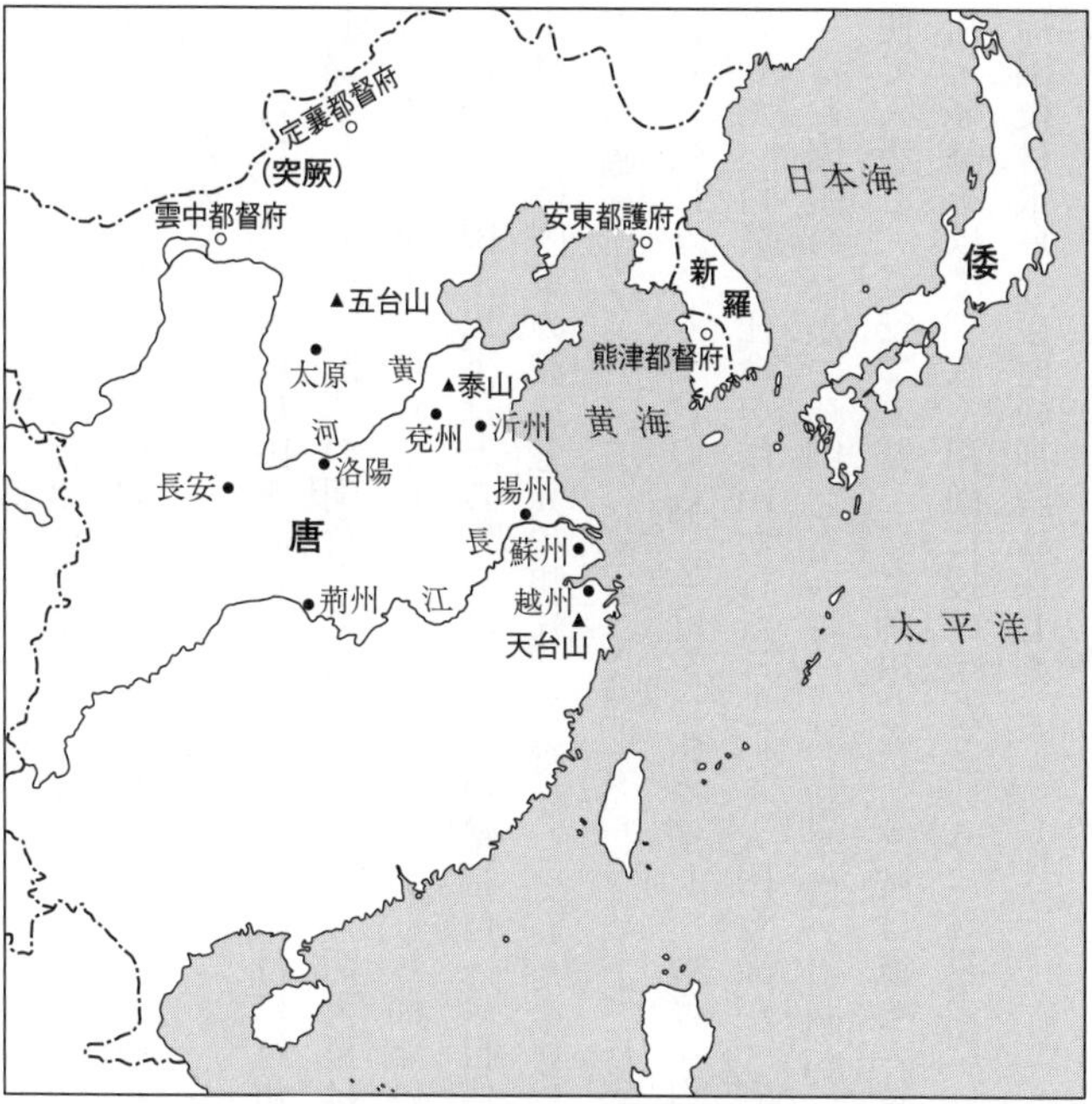

図 6　7 世紀後半，百済，高句麗滅亡後の東アジア

王都の泗沘城を攻撃した。八月には蘇定方が「百済を討平《とうへい》し、その王扶余義慈を面縛《めんばく》す」(『旧唐書』本紀)とあり、その地に熊津都督府《ゆうしんととくふ》ほか五府をおいた。さらに十一月朔には「蘇定方、百済王扶余義慈・太子隆等五十八人の俘《とりこ》を則天門に献ず。責めてこれを宥《ゆる》す」と東都洛陽まで引き連れられ、高宗の面前に引き出された(これを献俘儀礼という)。この時遣唐使一行は洛陽にいて、「伊吉連博徳書」同日条に「百済王より以下、太子

隆《りゅう》ら諸皇子十三人、大佐《だいさ》平沙《へいさ》宅千福《たくせんふく》・国弁成《こくべんじょう》以下三十七人、并《あわ》せて五十許《ばか》りの人、朝堂《みかど》に奉《たて》進《まつ》る。急《にわか》に引き天子《みかど》に趍向《ゆ》く。天子恩勅《おんちょく》して、面前《めんぜん》で放着《ほうちゃく》す」とある。敗戦国の辱めを見せつけられたのである。

一行は、この直後帰国を許され、翌六六一年四月に越州を出帆して、五月に帰国した。しかし帰朝した先は、筑紫の朝倉宮《あさくらのみや》であり、すでに斉明天皇は臨戦態勢だった。もっと早く彼らの稀有な経験を伝えられたら、思いとどまったかもしれないが、時すでに遅かった。

百済では国王以下はとらえられたが、鬼室福信《きしつふくしん》・余自信《よじしん》らが百済再興をはかり、滅亡直後の十月には倭国軍の派遣と大和朝廷に人質としていた余豊璋（クーデターで追放され長く滞在していた）の召喚を求めた。これに対して斉明女帝はただちに救援軍の派遣と送還を詔し、翌年五月自ら九州にうつり朝倉の橘広庭宮《たちばなのひろにわのみや》に宮を遷し、豊璋を百済王に冊立《さくりつ》する儀式を行ない、帰国させた。百済王任命を倭国が行なうという大国意識が、判断を誤らせたのである。

なお緊張のなかで帰国した一行には、留学僧の道昭《どうしょう》がいた。道昭は白雉四年（六五三）の遣唐使で入唐し、長安で玄奘三蔵《げんじょうさんぞう》に師事した。玄奘は彼を「特に愛《め》でて」帰国にあたり「持てる舎利・経論を以て、咸《ことごと》く和尚に授け」たという（『続日本紀』文武四年三月）。倭国に法相宗を伝え、帰国後は飛鳥寺東南の禅院に住した。

白村江での敗戦と国土防衛

六六三年（天智二、龍朔三）八月、劉仁軌《りゅうじんき》は、扶余隆（降伏した百済の太子）らとともに大量の水軍を率い、「倭兵に白江の口で逢《あ》ひ、四たび戦捷《せんしょう》し、その舟四百艘を焚《や》く。煙焔《えんえん》は天に漲《みなぎ》り、海水皆赤し。賊衆《ぞくしゅう》大いに潰《つい》ゆ」（『旧唐書』劉仁軌伝）とある。白村江の戦いであり、唐軍に敗れたのである。軍を率いた劉仁軌は皇帝に次のように上表した。「陛下もし高麗を殄滅《てんめつ》せんと欲さば、百済の土地を棄《す》つべからず。余豊《よほう》北にあり、余勇《よゆう》南にあり、百済・高麗は、もと相党援《あいとうえん》し、倭人遠しといへども、また相影響す」と述べて、倭にも注意すべきだと述べ、高宗は「深くその言を納《い》れた」。劉仁軌伝はさらに「扶余勇は、扶余隆の弟なり。この時走りて倭国にあり」と説明を付している。これは『日本書紀』天智三年三月条に難波に侍らせたと見える「百済王善光王《ぜんこうおう》」のことであろう。

唐は、翌六六四年劉仁軌をひきあげさせて、百済平定以後百済の国都を守っていた劉仁願《りゅうじんがん》をふたたび起用して百済鎮将とし、扶余隆を熊津都督に任じて本国に遣した。これは百済旧領の「その余衆を招輯」（『旧唐書』百済伝）させるためと、百済と新羅との和親を旧百済王家と新羅王家との間で誓わせるためだった。二月に劉仁願の勅使としての立ち会いの下、熊津において、扶余隆と新羅の金仁問《きんじんもん》(文武《ぶんぶ》王《おう》の弟)が和親を誓った。さらに翌六六五年(麟徳二)八月、劉仁願の立ち会いのもと熊津で、扶余隆と新羅文武王が会盟し、白馬を刑《ころ》し、諸神をまつり、血をすすり合って、隆は百済の祭祀を守り、新羅に依椅《いい》する(頼る)こと、長く和親することを誓った。この時の会盟文は劉仁軌が作ったもので『旧唐書』にのせる。

劉仁願は、六六四年(天智三)五月に、朝散大夫《ちょうさんたいふ》郭務《かくむ》悰《そう》を大使として倭に遣わし「表函《ふみはこ》と献物《みつき》を進《たてまつ》る」。『善隣国宝記《ぜんりんこくほうき》』「海外国記」によれば、唐人郭務悰ら三〇人と百済の佐平「祢軍《でいぐん》」ら百余人という人数だった。九月に第四次遣唐使をつとめて帰国していた津守吉祥・伊岐(吉)博徳らを筑紫に派遣して、天子の使人でなく百済鎮将の私の使いだとして、文書も受け取らず、入京も許さず、饗宴して、十二月に帰国させた。『日本書紀』は、この年のこととして「対馬嶋・壱岐嶋・筑紫国等に、防(防人《さきもり》)と烽《とぶひ》を置く」「また筑紫に、大堤を築きて水を貯へしむ、名《なづ》けて水城と曰ふ」と記す。国土防衛を本格化したのである。

翌六六五年九月、「唐国、朝散大夫沂州司馬上柱国劉徳高等を遣す」とあり、天子の使として劉徳高のほか、先の郭務悰・祢軍を含む二五四人の大使節団がやってきて、ふたたび「表函を進る」。『日本書紀』は十一月に饗宴し、十二月に帰国したと記すだけだが、今回は入京を許し、表函も受け取ったらしい。通説では、遣使の目的は、熊津会盟に基づき百済領の安全保持のために倭国と友好関係を築くことにあったとされ、戦後処理も完了したと言われるのだが、どうだろうか。「はじめに」で触れた、亡命百済貴族を派遣して長門城・大野城・基肄城を築かせた記事は、この使節が対馬にいたった直後の八月にある。

高まる緊張――遣唐使の中断

『日本書紀』は、十二月の劉徳高の帰国のあとに、「是歳、小錦守君大石《しょうきんもりのきみおおいわ》等を大唐に遣はす、と云々」と記す。第五次遣唐使であるが、注には「蓋《けだ》し唐の使人を送るか」と送使にすぎないとし、「云々」というのも、正式な使者でないかのような書きぶりである。

高宗は、白村江の戦いの翌年六六四年(麟徳元)七月に、六六六年正月に山東省泰山《たいざん》において封禅《ほうぜん》の儀を行なうことを予告し、六六五年十二月には諸州の都督・刺史は泰山の下に集まるように命令した。封禅とは、国威の盛んなことを誇示するため、天子自ら土を盛った壇上に天を祭るという、史上稀な儀式である。『旧唐書』劉仁軌伝には、

麟徳二年、泰山を封ずるに、仁軌、新羅及び百済・耽羅《たんら》・倭四国の酋長を領して、会に赴《おもむ》く。高宗甚《はなは》だ悦《よろこ》びて、擢《ぬ》きて大司憲《だいしけん》(御史大夫が改名された)に拝す。

とあり、『唐会要』なども劉仁軌が「四国の使」を連れて、「海に浮かびて西に還り、太山の下

図7　泰山

に赴く」と、翌六六六年正月の封禅の儀式に参加させたと記す。

この泰山封禅に参加したのは、葛継勇氏の考証によれば、新羅は文武王の弟金仁問、百済は扶余隆、耽羅も酋長であり、高句麗からも王子福男《ふくだん》が参加していた。とすれば、倭国も王族といわなくとも正式な使者が参加したとみるべきだろう。つまり六六五年の劉徳高、あるいは前年の郭務悰の来日の使命は、この封禅への参加を命ずる高宗の意思を伝えることだったと考えられる（劉徳高の官職の沂州司馬は、泰山のある兗州に隣接する州である）。

葛継勇氏は、守君大石らは天智四年（六六五）十二月に唐に赴いたのだから、翌正月の封禅儀式には間に合わなかったとする。参加した「酋長」は百済救援に派遣された倭国の将軍クラスの人物と考えられ、しかし倭国使守君大石は、劉仁願・劉徳高に随行して遅れて二月ころに泰山に登り、関連儀式に参加したと論じている。

『日本書紀』は遣唐使派遣を、是歳とし、「おそらく送使か」と記述するが、これはカモフラージュで、十二月の劉徳高の帰国より早く派遣された可能性がある。そもそも遣唐使は、冊封は受けていないにしても、本質は朝貢であり、唐皇帝の元日朝賀に参列するのが本来の姿であった。元日の封禅儀は、元日朝賀を大規模にしたという側面もあり、唐に征討の口実を与えないためにも参加したのだろう。百済征討を機に実現した泰山封禅には、朝鮮三国と倭国の使者の参列は不可欠だろう。その使者に救援軍の将軍だった守君大石があてられたのは、適任であり、まさに服属儀礼だったのだろう。したがって派遣は十二月では遅すぎるのである。

高句麗では、実権を掌握していた泉蓋蘇文が没すると（『日本書紀』は天智三年〈六六四〉十月に記しているが、翌六六五年十月のことか）、三人の子の間で内紛が起こる。高宗は、封禅を行なった六六六年の十一月に、名将として名高い李《り》勣《せき》を遼東道行軍大総管に任じ、高句麗征討の命を下した。六六八年（総章元）九月には唐・新羅連合軍は平壌城を陥し、遂に高句麗を滅ぼし、その十二月には高蔵（宝蔵王）と大臣男建らを大明宮含元殿に献上した。

翌天智八年（六六九）に第六次遣唐使が派遣される。『日本書紀』には以下のように記す。

　是歳、小錦中《しょうきんちゅう》河内直《かわちのあたい》鯨《くじら》等を遣はし、大唐に使ひせしむ。

実際は、『唐会要』巻九九倭国に「咸亨元年三月、使を遣して、高麗を平らぐるを賀す」とあって、高句麗平定を祝賀するための使いだったことがわかる（『新唐書』も参照）。天智は早速唐朝への従順の意を示したのである。

こうした緊迫した国際状況のなか、天智天皇はようやく天智七年(六六八)天皇位につく。防衛を固めながら、中央集権国家の建設を進めていくのである。こののち壬申の乱(六七二)を経て、天武・持統朝を通じて律令国家の形成が進められるが、この間遣唐使は派遣されることはなく、次の派遣はようやく大宝年間になってからであった。

近江令とは?

天智七年(六六八)、ようやく即位した天智天皇は、前年に遷都した大津宮で近江令を制定したという。『藤氏家伝《とうしかでん》』天智七年の段に、中臣鎌足が、以前に「礼儀を陳述し、律令を刊定」することを命じられ、「時の賢人と旧章を損益して」「ほぼ条例をなす」とある。平安時代はじめの『弘仁格式』の序にも「天智天皇元年に至り令廿二巻を制す。世人の所謂近江朝廷の令なり」とあり、これは即位からの紀年なので天智七年にあたる。

『日本書紀』には天智十年(六七一)正月甲辰《こうしん》条に、

東宮太皇弟《ひつぎのみこ》、奉宣《みことのり》して、或本に云はく大友皇子宣命《みことのり》す、冠位・法度の事を施行す。天下に大赦す。法度・冠位の名は具に新律令に載せたり。

とあり、この「律令」は近江令を指すというが、天智七年には近江令に触れた記事は存在しない。『日本書紀』は律令国家のはじまりを、大化の改新、中大兄と鎌足におく歴史観で叙述しているのに、肝心の近江令に触れていないのは不思議であろう。

持統三年(六八九)六月庚戌条に「諸司《つかさつかさ》に令一部廿二巻を班《わか》ち賜ふ」とあるのが、飛鳥浄御原令施行の記事であるが、『弘仁格式』序の巻数と一致する。そこから近江令は天智七年に部分的に施行され、天武朝にその更改が進んで浄御原令が編集されたとする説や、近江令は天智朝に起草され、天武朝に原案の修正が進み、持統三年は近江令の施行だとする説もある。

しかし、『弘仁格式』序の「廿二巻」は、持統三年条によって後に作られたもので、体系的な近江令とその施行はなかったとするのが、青木和夫氏によって唱えられた近江令否定説である。『藤氏家伝』によって、鎌足によって礼典や律令のある種の編纂が行なわれたことは認められるが、律令として施行されたとは記していない。『日本書紀』天智十年条は、天智紀に類例の多いように天智三年二月条の重出であって、それは「甲子の宣《かっし》」といわれる、冠位二十六階制および諸氏の氏上を定め、さらに「其の民部・家部」を定めるという法令であり、このような単行法令が「近江令」の実態だとする。平安時代に皇統が天武系から天智系に替わったことから、天智の近江令が律令の起点におかれるようになったらしい。『日本書紀』に記述がないことからも、天智朝に一定の法典編纂は企てられたらしいが、体系的な法典はなかったとする青木説は現在でもなお生きていると思う。

重要な論拠となっているのは、位階制と官位相当制である。天智三年の冠位二十六階は、推古朝の冠位十二階が発展したものだが、天武十四年(六八五)に定めた諸臣四十八階(浄御原令も同じ)は大宝令の位階制に直接つながり、大きな性格の差がある。冠位二十六階では、官位相当制もなく、浄御原令によってはじめて官位相当制(=官位令)が作られ、考選という勤務評定と昇進のシステムが作られたのだろう。天智朝最末年の十年正月には、大友皇子を太政大臣、蘇我赤兄・中臣金を左右大臣、蘇我果安以下三名を御史大夫に任じていて、天智令による官制ということになる。ただし赤兄・金とも冠位は大錦上であって七番目である。大臣がこれではまったく官位相当制などあったとは思えない。官位相当を欠いた官名の羅列のようなものだったのだろう。またこの太政大臣は、従来の皇太子執政の機能を受け継ぎ「百揆を総《す》べ」「万機を親る」(『懐風藻』)ものであり、のちの天子輔導にあたる官としての令制太政大臣とは異質なものので、大友皇子の権力を強化する政治的な任命であった。

天智朝の施策でもっとも重要なのは、戸籍の作成である。『日本書紀』天智九年(六七〇)二月に「戸籍を造る。盗賊と浮浪とを断《や》む」とある。この庚午年籍は、大宝・養老戸令において、氏姓の根本台帳として永久保存が命ぜられた。東国から筑紫まで作成されたことがわかるので、全国で造られたと考えられ、知られる巻数から、五〇戸（のちの里）を単位としたと推測される。また記載内容としては、戸ごとに戸主・戸口の名を書き連ね、続柄と良賤の別は書いてあったとみられる。

また庚午年籍は、全国の人民に氏姓や名前をつける役割も果たした。それまで一般人民には、本来姓はなかったのだが、以前の部民制の所属関係に基づいて「〇〇部」という部姓が多くつけられた。ただし浅野啓介氏によりウヂ別の造籍が行なわれたことが指摘されている。おそらくカバネを持つ人々はウヂ別の籍に編戸され、それ以外の部姓あるいは無姓の人々が居住地に基づいて五〇戸に編成されたのだろう。

庚午年籍は、調庸の賦課や兵士の徴集に役立ったはずで、大化改新での評制施行にはじまる、地方支配の強化と徴税の再編の到達点といえるだろう。しかし甲子の宣により氏の所有が認められた「民部・家部」は課税の対象外であって、「部曲」（民部）が廃止されて公民になるのは天武朝になってからだった。今まで述べてきた緊迫したアジア情勢のなかで、天智朝は国土防衛が第一の課題であり、中央集権化や権力強化は進めたが、律令を体系的に継授する余裕はなかったのであろう。

第三章　律令制の形成と「日本」

羅唐戦争——対立の一〇年

天武朝に、遣唐使が派遣されなかったのは、大和朝廷側の問題だけでなく、当時の国際情勢に規定された部分も大きい。百済につづいて高句麗も滅ぼされ、新羅が半島を統一したと、教科書などでは書いてしまうことが多いが、事態はそんなに単純ではなかった。唐は大量の兵を投入して戦い、ようやく高句麗を滅ぼしたわけで、簡単に半島の支配を放棄するはずもなかった。実はそこには「羅唐戦争」といわれる、新羅と唐との間の戦いがあったのである。筆者は朝鮮史の専門ではないが、少し触れておこう。

わかりにくくしているのは、八世紀以降、新羅は唐を宗主と仰ぐ友好国であったためか、中国史書はその戦いをあまり記していないことにある。『旧唐書』の新羅伝は、戦いを一切記さず、百済に戦勝したあと「これより新羅漸《よう》く高麗・百済の地を有し、その界益々大きく、西は海に至れり」とだけ記す。さすがに高宗本紀には少し記事があり、咸亨三年(六七二)、同五年(上元元年)、上元二年に唐の軍隊が新羅を討ち破ったことを記す。『新唐書』新羅伝とあわせれば、咸亨五年(六七四)二月に、新羅が高句麗の反乱衆を援助し百済の地を奪ったことに高宗が怒り、文武王の官爵を削り、代わりに弟の金仁問を新羅王として帰国させ、劉仁軌を鶏林道大総管として兵を興して新羅を討つことを命じ、翌上元二年二月に劉仁軌率いる唐軍は新羅の衆を破った。新羅は遣使して謝罪し、文武王の官爵が復されたのである。

実際はこれだけではなかった。高麗王朝の時期につくられた『三国史記』新羅本紀は、文武王十年(咸亨元、六七〇)八月に、新羅は高句麗王の「嗣子」安勝(名族だろうが詳細は不明)を高句麗王に冊封し、その冊文を載せている。高句麗を滅ぼした二年後に、新羅が高句麗遺民の反乱を応援し高句麗を復興させ、さらに六七四年には報徳王に封じたのである。これは唐の半島支配を弱めようと応援したのだが、唐としては新羅が高句麗王を冊封したということ自体認められるはずもなく、記述もない。さらに十一年七月には「大唐総管薛仁貴《せつじんき》」が「新羅王に書を致す」として、新羅王を激しく非難し、高句麗の安勝の行ないも非難する書状が載せられている。このことは、『旧唐書』薛仁貴伝に、「高麗衆、相率ゐて復《ま》た叛《はん》す、詔して仁貴を起て鶏林道総管として経略せしむ」とみえることに対応し、以上が史実であったことがわかる(池内宏説)。早く六七〇年から高句麗遺民の反乱を新羅が支え、高句麗国を復興させて、唐との対立がはじまっていたのである。

『資治通鑑《しじつがん》』には、儀鳳《ぎほう》元年(六七六)二月に、高句麗の故地におかれた安東都護府を遼東故城に遷し、百済の故地におかれた熊津都督府を建安故城に遷したことがみえる。通説では、この安東都護府の移転をもって、唐の朝鮮半島回復が断念され、新羅の半島支配を承認したものと説明されている。しかし古畑徹氏は、翌六七七年に扶余隆を熊津都督に再任しさらに帯方王に冊封したことから、新羅の百済旧領の領有を認めまいとする唐の姿勢を読みとり、また儀鳳三年(六七八)には高宗が兵を発して新羅を討とうとしたが、侍中の張文瓘が、今吐蕃《とばん》が辺境を襲っており出兵が必要だから東征は思いとどまるように諫言したことで中止されたことをあげ、この時にいたりようやく唐の半島政策が中断されたのだとしている。ほぼ一〇年にわたって、唐と新羅は厳しい対立をつづけていたのである。

対立の影響

この状況は倭国にも影響を与えた。『日本書紀』には、天智七年(六六八)以降新羅からの遣使が頻繁に見えるようになる。天智七年九月には金東厳《きんとうごん》を派遣して調を奉ったのに対し、新羅王に御調奉る船、金庾信に船各一艘を賜っている。古畑氏の整理によれば、六六八〜六八〇年の一三年間に、進調使は一〇回または一一回あって、ほぼ一年に一回である。また送使には二種類あり、自使節につけられたものは六七三〜六七八年の期間にみられ、上に述べた羅唐戦争の状況と対応し、唐の脅威に対応する軍事的な意味をもっていたものらしい。もう一つは、六七三年以降のすべての高句麗使に付された送使である。高句麗滅亡後みられる高句麗からの進調使は、先述の安勝による高句麗国が倭に派遣したもので、天智十年（六七一）と天武元年（六七二）は単独の遣使であったが、天武二年以降十一年（六八二）までの一〇年間で六回の遣使にすべて新羅の送使がつけられていることは、新羅の意を受けた傀儡政権であることを示すのだろう。さらに新羅は天智の死去には「弔先皇喪」使、天武の即位には「賀騰極使《ひつぎよろこぶるつかい》」も派遣し、合わせれば一三年間で一六回の派遣で、新羅（および高句麗）が倭に対して丁重に従属を示し、倭の協力を求めたのであろう。

一方で、百済の故地を占領している唐からも使者がきている。天智十年には、唐人李守進が上表し、百済使人が調を奉ったが、「百済の三部《さんぶ》の使人《つかい》請ふところの軍事《いくさのこと》を宣《のたま》ふ」（救援要請を断ったか）。その年の十一月には唐国使人郭務悰ら六百人、送使らと合わせて二千人、船四七隻が倭に向かうことを事前に伝え（「突然来ると防人が驚き、戦いになるかもしれない」と、国防の緊迫ぶりを伝えている）、翌天武元年に使節団は筑紫大津に安置させられ、書函《ふみはこ》と信物《くにつかいのもの》を奉った（『善隣国宝記』によれば「大唐皇帝敬みて倭王に問ふ書」）。五月に甲冑と弓箭を郭務悰に賜い、さらに大量の絁《あしきぬ》・布・綿を与えて、帰国させている。六七一年には、唐軍が高句麗遺民の反乱軍と戦っている隙をねらい、新羅が百済の地つまり唐支配の本拠地（熊津・泗沘）を攻撃しているので、唐の熊津都督府は百済の人々をつれて、百済旧領維持のため倭に救援軍派遣を求めたのだろう。天智が没して壬申の乱が勃発する直前にあたり、近江朝廷は余裕もなかっただろうが、武器や財物を賜ったものの、兵を派遣しなかった。新羅の積極的な対倭外交の成果であり、倭は新羅の側についたのである。

六八〇、六九〇年代には、新羅の進調使は回数は減るが、それでも二、三年に一度は派遣されていて、密接な関係はつづく。唐と新羅の対立関係を背景に、倭は遣唐使を派遣することはなかったのである。唐の窓口だった熊津都督府の撤退ないし崩壊により、倭と唐との接点もしばらくなくなったのだろう。

ではこの間に唐との文化的な接触が断たれたかというとそうではない。六八四年に安勝の高句麗国が新羅に吸収統合されるが、このころより唐から帰国する倭国の留学生・学問僧を新羅が送ってくれている。天武十三年(六八四)十二月には「大唐学生土師《はじ》宿禰《すくね》甥《おい》・白猪史《しらいのふひと》宝然《ほね》」と百済救援の役で唐軍の捕虜になっていた人々が、新羅経由で帰国した。新羅王政明(神文王)が六八六年(垂拱二)に唐に遣使し、上表して唐礼一部と雑文章を求め、則天武后は「吉凶要礼」と「文館詞林」から文章を選んで賜っているので、このころには羅唐戦争の対立も薄れたと考えられる。さらに持統四年(六九〇)九月にも、新羅は「大唐の学問僧智宗・義徳・浄願」とやはり唐に捕虜となっていた「軍丁大伴部博麻」を送ってきて、この送使に対する饗宴は土師宿禰甥を送ってきた例と同じにするように大宰府に命じ、丁重に慰労していて感謝を表している。智宗は白雉五年(六五四)の遣唐使で、義徳は白雉四年の遣唐使で入唐したことがわかり、三〇年以上唐に留学していたことになる。

このうち天武十三年に帰国した留学生の土師宿禰甥・白猪史宝然(骨)は、貴重な最新の情報をもたらしたのだろう。大宝律令の撰定に参加している。また斉明朝の第四次遣唐使で唐に抑留され、その後唐との交渉にもあたっている伊吉連博徳もその一人だった。彼ら留学生の力をえて大宝律令が編纂されていった。

律令の編纂

それだけでなく彼らは、飛鳥浄御原令の編纂にも関わった可能性が高い。『日本書紀』には、天武十年(六八一)二月甲子条に「朕《われ》、今より更に律令を定め、法式を改めんと欲す。故に俱《とも》に是の事を修めよ」と天武と皇后が親王・諸王・諸臣に宣言して編纂をはじめたこと、持統三年(六八九)六月庚戌条に「諸司に令一部廿二巻を班ち賜ふ」と浄御原令を班賜したことが見えている。さらに翌年七月朔日、公卿・百寮人が新たな朝服《みかどころも》を着し、五日には高市皇子を太政大臣に任じ、その日に「八省・百寮」の一斉の遷任がなされ、翌日には「大宰・国司」の遷任がなされた。この年に戸籍が造られたこととあわせ、持統四年(六九〇)が浄御原令の公布あるいは施行だということもできる。

この庚寅年籍《こういんねんじゃく》については、持統三年閏八月に「諸国司に詔して曰《のたま》はく、今冬に戸籍造るべし。宜《よろ》しく九月を限り浮浪を糺捉《きゅうそく》すべし」と命じたが、結局一年遅れ翌年庚寅九月に、

諸国司等に詔して曰はく、凡《およ》そ戸籍を造ることは、戸令に依れ。

と作成を命じたのである。以後六年おきの造籍が行なわれ、大宝令につながっていく。持統五年三月には、人身売買や負債によって賤民とされた者の扱いが指示されており、後の『延喜式』刑部式で、父母が売って賤民となった場合、己丑《きちゅう》(持統三)年以前と庚寅年以後とで区別されていることから、庚寅年籍では特に良賤身分の確定に留意されたと考えられる。また持統六年(六九二)九月には、「班田大夫等」を畿内に遣わしていて、本格的班田の最初と考えられ、造籍の二年後に班田を実施するという大宝令制のシステムが成立しているらしい(ただし西海道では大宝まで班田は実施されなかったらしい)。

官僚制については持統四年四月庚申《こうしん》詔に、

百官人および畿内人、有位の者は六年を限り、無位の者は七年を限り、その上日を以て九等を選定せよ。四等以上の者は、考仕令《こうしりょう》に依り、その善・最、功能、氏姓の大小を以て、

量《はか》りて冠位を授けよ。（以下朝服についての規定、略）
と命じている。ここにみえる「冠位」については、天武十四年（六八五）正月に浄御原令官位令の内容を事前に施行し、諸臣四十八階制（諸王十二階）を定め、七月には朝服の色を定めている。この四十八階制は大宝令の正一位～少初位制に連続し、天武十四年以降四年または六年おきに成選叙位（毎年の考を一定年数積んで最とあわせて位階が進む）が行なわれていて、大宝令制へつながっていく。また大宝令ほど厳密でなくとも官位相当制が成立していた。ただしここで「氏姓大小」が基準に入っていることは大宝令にみえない特色である。前年に真人《まひと》・朝臣《あそん》・宿禰《すくね》以下の八色《やくさ》の姓《かばね》を定めたこともあわせ、実際には旧来のウヂ・カバネの族制的原理をとりこみながら官僚制が導入されたことを示すのだろう。

浄御原令の意義

これらの史料に「戸令」「考仕令」という篇目名がみえることが重要である。浄御原令は「廿二巻」ということ以外に内容がわからないのだが、このような篇目に分けられた体系的な法典であることがわかる。また早川庄八氏は浄御原令に「官員令」という篇目があり、大宝令に継承されたと推定している（養老令では唐令と同じ「職員令」に変更された）。

かつて新羅では中国式の律令が制定されたと考えられていた。五二〇年「律令を頒示し、始めて百官の公服と朱紫の秩を制す」(『三国史記』)とあるからなのだが、しかしこれは新羅独自の公服制度で、「律令」という語は規定くらいの意味だと理解されるようになった。七世紀半ばには新羅は唐制の服に改め、賀正の儀式も創始するなど唐制が導入されていく。親唐派の武烈王元年(六五四)に「律令を詳酌し、理方府格六十余条を修定せしむ」(同)とあるのだが、これは唐の律令を参酌して「格」＝法整備を行なったことを指すと考えられる。つまり律令のような中国的な法典を制定することはなく、固有のあり方の整備によって国力を発展させたらしい。

それに対して、飛鳥の朝廷は、(国家・社会の段階や実態はまったく違うのに)唐の令という法典を丸ごと模倣する方向に踏み切ったのであり、それは重要なターニング・ポイントといえるだろう。そこには唐で学んで帰国した留学生たちの努力があったに違いない。

「律令」のもう一つの律については、体系的法典としては施行されることはなく、この時期は唐律が準用されていたとする考えが有力である。唐律は精緻に組み上げられた刑法体系で、現在伝わる養老律も、唐永徽律(および注釈である律疏《りっそ》)を忠実に模倣していて、一部を修正しただけであるから、唐律を準用することは可能だろう。ただし吉田孝氏は大宝名例律《みょうれいりつ》(刑法の総則にあたる)の冒頭の特異な形式から、「五罪・八虐・六議」という名例律の根幹をなす最重要規定の部分だけが大宝以前、すなわち浄御原律で制定された可能性を指摘している。

さらに同様な特異な形式をもつものとして、神祇令の2仲春条～9季冬条の月ごとの公的祭祀の列挙が注目される。そこでは天武朝に創始された大忌《おおいみ》祭・風神《かざかみ》祭（広瀬・龍田社の祭り）があげられ、また毎年の新嘗祭を大嘗祭と称しているなど、天武朝のあり方にふさわしく、浄御原令に遡る規定である可能性がある。また二〇世紀末に発見された北宋天聖令による日唐令の比較研究によって、日本独自に加えた条文が篇目末に置かれる傾向がわかったが、そのなかに賦役令の雑徭《ぞうよう》（年六〇日の地方力役）、雑令《ぞうりょう》の節日《せちにち》（節日に諸臣に節会という宴と禄を賜う規定）など、天武朝に新たに作られたと考えられるものがある。

近年唐令を逐条的に継受したのは大宝令になってからで、それ以前は朝鮮半島の影響の強い国制だったのではないかと推測する議論も出されているが、そうではなく、大宝令は浄御原令を継承していて、天武朝のあり方が日本の律令制を大きく規定しているのだろう。『続日本紀』大宝元年（七〇一）八月癸卯《きぼう》条は大宝律令の撰定完成について「大略浄御原朝廷を以て准正《じゅんせい》とす」と記す。これは東野治之氏が指摘したように、唐の武徳律令についての「大略以開皇為准、正五十三条」という評語（『唐会要』、おそらくはもとになった実録か）を誤読したものであるが、逆に唐の武徳律令が隋の開皇律令を継承したとのと同じ関係だという編者の理解を示すだろう

（もちろん煬帝の大業律令を継承しなかったのだという本来の意味は理解していない）。大宝令の十一巻という巻数は浄御原令を半分にしたものである。

「日本」のはじまり

第七次遣唐使は、大宝元年（七〇一）正月に任命され、四月に拝朝し、五月には遣唐執節使（大使以下の四等官より上におかれた）となった民部尚書《みんぶしょうしょ》粟田《あわた》朝臣真人《まひと》に文武天皇が節刀《せっとう》を授けた。天候の問題があり、結局翌年六月に出発する。その粟田真人が慶雲元年（七〇四）七月に帰国したときの帰朝報告が『続日本紀』に載せられている（副使の巨勢邑治は慶雲四年に、大使の坂合部大分は次の養老の遣唐使とともに帰国した）。

人有り、来《きた》りて問《と》ひて曰《い》はく、「何処《いずく》の使人《つかいひと》ぞ」。答へて曰はく、「日本国の使人なり」（中略、使者の側が到着したのは何州かを尋ね、大唐が大周になった経緯などを聞く）、問答略《ほ》ぼ了《おわ》りて、唐の人、我が使に謂《い》ひて曰はく、「しばしば聞く、海東に大倭国有り、これを君子国と謂ふ。人民豊楽にして礼義敦《あつ》く行はる、と。今使人を看《み》るに、儀容大《はなは》だ浄《きよ》し。あに信《まこと》ならずや」。語畢《ことおわ》りて去りき。

三〇年以上の空白をおいて派遣された大宝の遣唐使は「日本」という国号を称したのである。

到着したのは楚州塩城県で、その地の唐の官人が取り調べにあたった。これまでの大倭国の使者であることはわかったが、国号などの説明は理解できなかったようである。

『旧唐書』には、倭国伝と日本伝が二つおかれていて、別の国家だと認識されている（『新唐書』は日本伝のみ）。前者は貞観二十二年（六四八）までの、後者は長安三年（七〇三）、つまりこの遣唐使以降の記事を載せている。さらに国号「日本」の由来について「日本国は倭国の別種なり。その国、日辺《にっぺん》に在るを以て、故に日本を以て名となす」「倭国自らその名雅ならざるを悪《にく》み、改めて日本となす」「日本は旧《もと》小国、倭国の地を併す」など三説をあげている。「その人入朝する者、多く自ら矜大《きょうだい》（おごりたかぶる）にして、実を以て対《こた》へず。故に中国これを疑ふ」と述べる。粟田真人は、国号変更の理由について、はぐらかし、唐の側は納得のいく説明はえられなかったらしい。

「日本」の本来の意味は、太陽の昇るところで、「日辺に在る」（『旧唐書』）が正鵠を射ている。推古朝の「日出づる処」と同じであり、アマテラスという太陽神をまつる天皇家とも密接に関わる。しかし日本国内にいれば、日が昇るのはさらに東であり、日本列島からは日は昇らない。このことはすでに平安時代の貴族が疑問に思っていたことを、吉田孝氏が紹介している。承平六年（九三六）『日本書紀』の講書の記録に次のような問答があった。

参議(紀淑光)また問ひて云ふ、「倭国は大唐の東にあり。(唐からは)日出づるの方に見ゆといへども、今此の国にありてこれを見るに、日は域中より出でず。しかるに猶「日出づる国」と云ふか」。博士(矢田部公望)答へて云はく、「唐朝、日出づるの方にあるを以て、号して日本国と云ふ。東夷の極、因りて此の号を得るか」。

日本の国土は世界の東の端だという認識で、中国を軸とする中国から見た国号なのである。祢軍《でいぐん》墓誌によれば、日本は、本来は東方、極東を意味する一般名詞だったらしい(後述)。もっとも国号変更は宣言すればすんだのか。『史記正義』のなかで「島夷」の注釈に、「武后、倭国を改めて日本国となす」「倭国、武皇后改めて日本国と曰ふ。百済の南にあり、海を隔てて島に依りて居す。(中略)此れ皆な揚州の東の島夷なり」とあることを、東野治之氏が指摘している。『史記正義』は、唐の玄宗朝、日本の天平年間にあたる開元二十四年(七三六)に張守節によって記された中国の歴史書『史記』の注釈書(史記三注の一つ)である。武后とは則天武后であり、その治世から三〇年ほどしかたっていない。彼女が定めたということは、日本国号を伝えたのが大宝の遣唐使であったことを確実にするが、新国号はたとえ冊封を受けていないとしても中国皇帝によって承認される必要があり、武后が日本国号を認めたことが、『史記正義』のこのような表現になったのだろう。

国号は本質的に対外的に意味があるという点で、日本国号が定まったのは朝貢した七〇三年といえるだろうが、国内で成立したのはいつか。『日本書紀』の天武三年(六七四)三月に対馬が銀を貢上した記事には「凡そ銀の倭国に有ること、初めてこの時に出づ」と「倭国」である。制度として定めたのは飛鳥浄御原令か大宝律令であろうが、吉田孝氏は前者だろうと推測している。吉田氏は「日本」とは王朝名だと述べているが、そうであれば、壬申の乱という革命を経て、天武・持統が新たな王朝を開いたという意識に対応するのだろう。

大宝の遣唐使——国際的緊張の清算をめざして

大宝の遣唐使は、日本国号を承認してもらうという任務を帯びていたのである。『旧唐書』日本伝は粟田真人について、

長安三年、其大臣朝臣真人来たりて方物を貢る。朝臣真人は、猶《なお》中国の戸部《こぶ》尚書のごとし。冠は進徳冠、其の頂は花をつくり、分かれて四散す。身は紫袍《しほう》を服し、帛《はく》を以て腰帯となす。真人好んで経史《けいし》を読み、属文《しょくぶん》を解し、容止温雅なり。則天これを麟徳殿に宴し、司膳卿を授け、放ちて本国に還らしむ。

と特筆する。正史に特筆されるほどの立派な立ち居振る舞いで、則天武后に気に入られ長安大

明宮の麟徳殿で宴を賜わった。国名変更が容易に認められたのもそのためかもしれない。『日本書紀』は白雉四年(六五三)の第二次遣唐使の学問僧道観について「春日粟田臣百済《かすがのあわたのおみくだら》の子」と記すが、一部の写本に「俗名は真人」と注すものがあり、吉田氏は粟田真人が唐の朝廷の人々が驚くほど立派に振る舞うことができたのは、かつての留学経験があったからだとする。帰国後還俗して律令官人となって活躍したのだろう。彼もまた大宝律令の編纂者の一人である。

この時の遣唐使で入唐した僧弁正《べんしょう》は、長安で次の五言絶句「在唐憶本郷」を詠んだ。

日辺《にっぺん》、日本《にっぽん》を瞻《み》る、雲裏《うんり》、雲端《うんたん》を望む。
遠遊《えんゆう》、遠国《えんごく》に労《いた》づき、長恨《ちょうこん》、長安《ちょうあん》に苦しむ。
(『懐風藻』二七番)

各句の一字目と四字目に同一字を重ねる技巧的な漢詩だが、「日の出るあたりに日本があると思って仰ぎ見るが、雲の端を望むばかり」というのは、まさに「日本」の意味が唐から見た「日辺」であることを示している。

さらに遣唐使少録(四等官)だった山上憶良《やまのうえのおくら》にも「大唐に在る時に、本郷を憶ひて作る歌」がある。題が同じなので、おそらく同じ宴会で読まれたのだろう。

いざ子ども早く日本へ大伴の御津の浜松待ち恋ひぬらむ(さあ皆のもの、早く日本の国に帰ろう。大伴の御津〈難波の港〉の浜松が待ちわびているだろう)
(『万葉集』巻1・六三)

最初の二句の原文は「去来子等　早日本辺」であるが、国文学者はこれを「早く大和へ」と書き下すことが多い(日本古典文学大系など)。しかし、憶良はここに「日本」という文字を使うことに感慨を込めているはずで、和歌だから日本語として「やまと」と読むべきだとしても表記は原文通り「日本」とすべきで、「にほんへ」と読むのが憶良の真意だったかもしれない。これを「大和」と書いてしまっては、憶良がかわいそうだというのが吉田孝氏の意見である。大宝の遣唐使に参加した二人の人物が「日本」を使って、漢詩と和歌を唐において作ったことは、彼らに課せられた使命を示しているのだろう。なおこの時入唐した学問僧に、三論《さんろん》に秀で唐でも賞せられた道慈《どうじ》もいる。一六年唐に滞在し、帰国後は律師となり、大安寺の造営に尽力した。彼にも唐で詠んだ五言絶句が伝わる。

では国号を変えることの意味は何だったか。七〇一年の大宝律令制定による律令国家完成を遣唐使派遣の背景に考えることは当然だろうが、ただし律令を持って行って唐に見せたのだとする議論は成り立たないだろう。『旧唐書』が倭国伝と日本伝を別に立てていることからも、上述してきた七世紀後半の唐と倭国との緊張した関係を、日本という新たな国だと主張することで、清算しようとしたのだろう。白村江の戦い以来、倭国と唐は半ば戦争状態が続いており、その後国交が途絶えていた。そこで新たな平和的・安定的な関係を構築することをめざしたのだろう。

八世紀になると、二〇年前後の間隔で、遣唐使が派遣されるようになる。東野治之氏は九世紀に天台山国清寺僧の維蠲《ゆいけん》が、「二十年一来の朝貢を約す」（『唐決集』、延暦寺円澄の疑問に答え、台州刺史に許可を求めた書状）と述べていることを指摘し、唐は日本と二〇年に一度派遣の約束を結んでいたことを明らかにした。それはおそらくこの大宝の遣唐使が結んだのだろう。八世紀以降、日本は冊封を受けない「不臣」の外夷という地位を認められ、唐と平和的な交流が行なわれるが、それは粟田真人たちの努力の成果だったのである。

祢軍墓誌のなかの「日本」

ここで七世紀後半の東アジア情勢に関する新出の史料として、二〇一一年に発見された西安で出土した百済人貴族の祢軍墓誌に触れておこう。そこに「日本」がみえ、日本国号の成立を示すとして、新聞でも話題になったものである。墓誌によれば、祢軍は、顕慶五年（六六〇）に百済が唐に滅ぼされたあと唐に仕え、儀鳳三年（六七八）に六六歳で亡くなり、雍州乾封県（長安の近郊）に葬られた。

去る顕慶五年、官軍、本蕃《ほんばん》を平らぐる日、（中略）右武衛滻川府折衝都尉を授く。時に日本

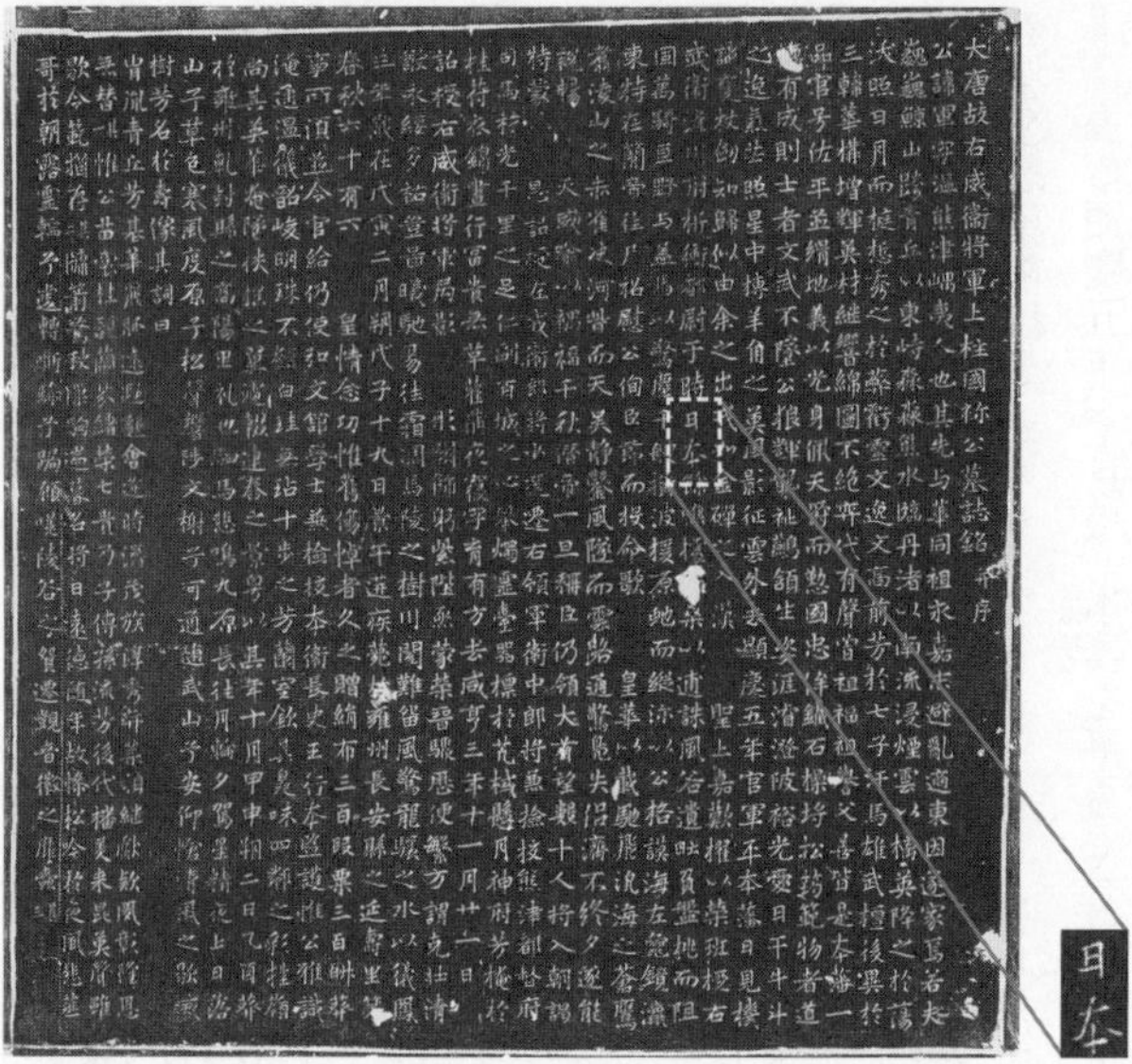

図8　祢軍墓誌拓本

の余嶕《よしょう》、扶桑に拠り以て誅を逋れ、風谷の遺甿、盤桃を負ひて以て阻み固む。（中略）公、海左に格謨《かくぼ》にして、瀛東《えいとう》に亀鑑たるを以て、特に帝に簡ばること在り、往きて招慰を尸《つかさ》どる。

本墓誌を公表した王連龍氏は、ここにみえる「日本」を日本国号の早い用例だとした。前述のように白村江敗戦後、『日本書紀』天智四年（六六五）九月の唐国が劉徳高らの大使節団を派遣した記事に「等とは、右戎衛郎将上柱国百済祢軍・朝散大夫柱国郭務悰を謂ふ」と見え、『善隣国宝記』には、前年天智三年の使者としても「百済の佐平祢軍」がみえる。「日本の余噍」を招慰するとはこの祢軍の倭国への出使を指すと考えたからである。とすると天武朝には日本国号が成立していたことになるのだが、どうだろうか。

　東野治之氏が公表直後に批判したように、これを国号だとするのは早計であろう。この墓誌では百済・高句麗を含め国号は一切使われていない。唐代には「日本」「日域」「日東」が日本に限られず新羅を指して使われたことがあり、「日本」は中国から見て日の出るところ、極東を指す。ここでの「日本の余噍」とは百済の遺民、「風谷の遺甿」とは高句麗の遺民を指すのだとする。なお東野氏は「海左に格謨に」以下は倭国に派遣されて外交交渉に当たったことを述べているかとしているが、葛継勇氏は「海左」「瀛東」とも倭国ではなく朝鮮半島を指しているとし、倭国出使のことは墓誌では触れていないのではないかとしている。おそらくこれが正しいので、祢軍は、百済の貴族としての百済人民の声望の高さを利用して、占領地対策として百済の故地に派遣されて活躍したことを記していると理解できる。『三国史記』には、六七〇年に祢軍が熊津都督府司馬として新羅に派遣され、拘留されたこともみえている。

　百済滅亡時の義慈王の子扶余隆は、捕虜として洛陽に送られたのち白村江の戦いでは唐側について戦い、唐は熊津都督を授けて本国に帰還させた。彼の墓誌(一九一九年に洛陽で出土)には、「馬韓の余燼《よじん》、狼心悛《ろうしんあらた》めず」に対して熊津都督として「邑落を招携《しょうけい》」したと記し、ほぼ祢軍と同じ文脈である。「日本の余噍」＝「馬韓（百済の旧名）の余燼」であろう。百済の移民が扶桑（倭国を指すか）に依って逃れ、抵抗しているという状況にたいして、百済旧領の土地に派遣されたのである。「日本」という国号の意味は、もともとは東方、極東という一般名詞であって、天武朝期（六七八年）には国号として成立していなかったことが、祢軍墓誌によって逆に確認されたと思う。

祢軍墓誌では、もう一カ所、「遂に能く天威を説暢し、喩すに禍福千秋なるを以てす。僭帝一旦称臣するに、仍りて大首望数十人を領し、将ゐて入りて朝謁す。特に恩詔を蒙り、左戎衛郎将を授けらる」とある部分の解釈が難しい。「僭帝」に対して唐に降伏するように説得した功績により左戎衛郎将を授かったとあるのだが、「僭帝」とは誰を指すのか。

この記述について、李成市氏は『三国史記』にみえる、六七二年に新羅文武王が、国内に抑留していた祢軍など唐人や武将らとともに謝罪使を唐に遣わしたことを指しているとする。新羅王を「僭帝」と呼び、唐と新羅の関係の悪さを感じさせると述べる。しかし、『日本書紀』には天智四年（六六五）九月に倭に派遣された時の祢軍の官職が「右戎衛郎将」（正五品上）とみえ、これは「左」の誤字だと考えられるので（右から左へ移ったのでは官品が同じで恩賞にならない）、これより以前の事である。そのあと彼は「右領軍衛中郎将」（正四品下）に遷るが、これは六七〇年に左右戎衛が左右領軍衛に改名されたのに伴う昇進であるから、六七二年では遅すぎるのである。倭国にいる百済王善光が来使した祢軍の説得を受けて王号を返上し、百済王族・貴族が熊津都督府に投降したことを指すとの指摘もあるが、百済王善光は連れて帰られたわけでなく、難波に安置させられ、その後ずっと倭国に住んだので、いささかそぐわない。

『日本書紀』ですでに「左戎衛郎将」になっているのだから、倭国に来る前の話であろう。功績があったとすれば、やはり六六三年の白村江の戦いがふさわしいのではないか。「僭帝」は倭国に冊封された百済王豊璋を指すと考えることは可能で、「一旦称臣」は降服したくらいで理解できないだろうか（実際には逃亡した）。あるいは『旧唐書』百済伝などの「偽王子扶余忠勝」の降伏を指すのかもしれない。広くご教示を乞いたい。

第四章　固有法としての律令法

大宝律令と養老律令――八世紀の国制をさぐる

こうした東アジアの緊張のなかで、唐や新羅に滅ぼされない強力な支配をめざし、中央集権的な国家が作られる。八世紀前半の大宝律令・養老律令によって制度的に完成されるので、それを律令国家あるいは律令制と呼んでいる。以下ではどのような国家が作られたのかをみておこう。律令制の特徴とされる重要な制度を取り上げて、ただの制度の説明ではなく――それでは教科書的で退屈だろうし切りもない――、どのような特色と意味があるのかを中心に、もとになった唐の律令と比較することで、その独自性を明らかにすることをめざしたい。

大宝律令は、律六巻、令一一巻（二八篇目）からなる（清原宣賢《きよはらののぶかた》『式目抄』）。文武四年（七〇〇）三月に令は完成し、読み習わさせ、つづいて律の撰修を命じ、六月には編修者へ禄を賜い、大宝元年（七〇一）八月には律も合わせて律令撰定が完了した。この年三月に「新令」により「官名・位号を改制」し、大宝令が施行された。翌大宝二年十月に「律令を天下諸国に頒下す」とあり全面的に施行されたのである。刑部《おさかべ》親王・藤原不比等を筆頭に、前述したような唐文化に造詣の深い中下級官人や帰化人によって編纂された。

養老律令は、律一〇巻（一二篇目）、令一〇巻（三〇篇目）からなる。養老律は一部が残存するだけだが、養老令は『令義解《りょうのぎげ》』『令集解』としてそのほとんどが伝来している。一方で大宝律令は伝存しないので、大宝令の条文は、『令集解』に引用される「古記」(大宝令の注釈書)によって、復原推定されている。

通説的理解によれば、養老律令は養老二年(七一八)に制定されたが、大宝律令に対する字句の変更などの小規模な改訂であり、藤原不比等による私的編纂という性格が強く、同四年の不比等の死去により、施行されることなく府庫に死蔵され、のちに天平宝字元年(七五七)になって、権力を握った藤原仲麻呂が、祖先顕彰のために施行したとされる。

こうした通説に対して、養老二年に成立したのではなく、同六年まで編纂がつづけられ、編纂関係者への報賞が行なわれたとの有力な説がある。さらに榎本淳一氏は、それ以降も編纂事業は続けられ天平十一〜十三年(七三九〜七四一)くらいまでは継続したのであり、不比等の個人事業に矮小化すべきではなく、篇目や形式、さらに内容についても唐令に近づけるなど、改変がなされたと養老律令の意義を論じている。とはいえ多くは大宝令と養老令は同じであり、以下では両者をまとめて(実際には養老令文しか伝わらないが)、律令制としてその性格を論じていくことにしたい。

唐の律令、日本の律令――差異と共通点

行政法である令の体系は、中国において西晋にはじまり、唐代に完成されたものである。玄宗朝の開元二十五年(七三七)令は、三〇巻三三篇目からなる。そして日本の養老令は、各篇目をほぼ忠実に受け入れているが、表1のように順番を入れ替えたり名称や内容を変更したりし

表1　日唐令篇目対照表

巻数	開元七年令(大唐六典＋天聖令)	養老令(篇目順)
1	官品上	官位
2	官品下	職員
3	三師三公台省職員	後宮職員
4	寺監職員	東宮職員
5	衛府職員	家令職員
6	東宮王府職員	神祇
7	州県鎮戌嶽瀆関津職員	僧尼
8	内外命婦職員	戸
9	祠	田
10	戸(＋学？)	賦役
11	選挙(＋封爵？)	学
12	考課(＋禄？)	選叙
13	宮衛	継嗣
14	軍防	考課
15	衣服	禄
16	儀制	宮衛
17	鹵簿上	軍防
18	鹵簿下(＋楽？)	儀制
19	公式上	衣服
20	公式下	営繕
21	田	公式
22	賦役	倉庫
23	倉庫	廐牧
24	廐牧	医疾
25	関市＋捕亡	仮寧
26	医疾＋仮寧	喪葬
27	獄官	関市
28	営繕	捕亡
29	喪葬	獄
30	雑	雑

ている。中国皇帝祭祀を規定する祠令を天皇祭祀である神祇令に変え、あらたに仏教と僧侶を統制する僧尼令を作ったことが大きな変更といえる。また条文を比較すると変更している部分も多いのだが、そもそも中国では、刑法である唐律は『唐律疏議《そぎ》』として完存するが、日本とは逆に令は散佚しているので唐令条文の復原研究が必要であり、日本で進められてきた。一方で刑法である律の篇目は、日唐まったく同じであり、条文もほぼ同じである。量刑が日本の方が少し軽くなっているなど、ごく一部分の変更を除けば、唐律の体系を模倣したと考えてよい。唐律はきわめて緻密に組み立てられた刑法体系であり、それを根本的に変更することはありえなかったのである。

このように日本の律令制の特色は、継受法、隋唐の法律を輸入してそれに修正を加えた法であることにある。すなわち日本社会の自律的な発展のなかから生まれてきた法ではない。したがって日本の律令条文が変更を加えている場合はもちろんだが、たとえ唐のそれと同じであっても、そこから日本古代の国家や社会が唐と同じであるという結論を導くことは誤りである。そもそも日本と中国では社会の発展段階が異なり、隋唐の律令は、秦の統一からでも約八〇〇年以上かけ高度に完成されてきた統治技術である。それをまだ一〇〇年か二〇〇年の国家の歴史しかない日本が輸入したのであるから、法の内容や実質が異なり、同じ規定であっても日本では実現していない部分があることに注意する必要がある。

中国の律令の基本的性格として、皇帝という専制君主による法であったことがあげられる。唐では皇帝が替わるたびに作りなおされるのが原則で、太宗の貞観律令、高宗の永徽律令など、内容は合わない場合も多いだろうが代替わりに新たに編纂、公布された。八世紀の玄宗皇帝は開元年間だけでも三回編纂している。皇帝は新しい法の制定者であり、律令法の最終的な権威である。名例律18条に「非常の断、人主《じんしゅ》之を専らにす」と、非常の場合には皇帝が自由に裁断できるとある。皇帝は律令法に拘束されない超越した存在であり、律の精緻な刑罰・裁判体系を破ることができるのである。

養老名例律にも同じ規定があり、官人が犯した犯罪を「勅断」によって変更できる規定もある（考課令64官人犯罪条）。しかし日本の天皇が、中国と同じ専制君主で、律令を超越した存在だといえば、誤りだろう。日本では律令の編纂は養老年間で終わるので、代替わりに律令を編纂するということはなかったし、『続日本紀』の伝える次の事件は天皇と律令の関係を考えるヒントになる。

神亀元年（七二四）二月に聖武天皇が即位する。奈良時代政治史では藤原氏にとって大きな達成の時であった。その二日後天皇は「正一位藤原夫人を尊びて大夫《だいぶ》人《にん》と称す」という生母の藤

原宮子の称号を定める勅を出した。しかし一ヵ月あまりした三月二十二日、

左大臣正二位長屋王等言《もう》す。「伏して二月四日の勅を見るに、藤原夫人を天下皆大夫人と称せよといへり。臣等謹みて公式令《くしきりょう》を検ずるに、皇太夫人《こうたいぶにん》と云へり。勅の号に依らむと欲するときは、皇の字を失ふべし、令文を須《もち》ゐむと欲すれば、恐らくは違勅と作《な》らむ。定むるところを知らず。伏して進止を聴かむ」。

と太政官議政官が奏上し、公式令の規定と違うとクレームをつけた。それに対して聖武は「宜しく文には皇太夫人、語《こと》には大御《おおみ》祖《おや》とし、先勅を追収し、後号を頒下すべし」と先勅を撤回したのである。この事件について、五年後に長屋王は藤原氏によって謀反の疑いをかけられて自殺させられることから、長屋王の皇親勢力としての嫌がらせという政治的対立を読み取る向きもあるが、実際には藤原不比等の子どもたちが中納言・参議として太政官にいたのであるから、それを強調するのはあたらない。注目すべきは天皇が勅を撤回して律令に従ったという事実そのものである。

中国であれば、皇帝の勅は絶対で律令を超越していたから、このようなクレーム自体ありえなかった。しかし日本ではそうではなかった、天皇が律令に拘束される存在だったといえる。ここから早川庄八氏が指摘しているように、律令法の運用の主体が、太政官議政官に代表され

る貴族層、伝統的氏族層にあったことが読み取れるだろう。

接ぎ木された「文明」——古代日本の国家構造

こうした律令編纂の第一の意義は、唐の進んだ文明、高度な統治技術を輸入して、古代国家の構造を作り上げたことにある。唐と同じように、周辺諸国を諸蕃《しょばん》、異民族を夷狄《いてき》として天皇に従属させる帝国構造が作られ、太政官・神祇官と八省以下の複雑な官司構造が作られ、正一位以下三〇階の位階制による官僚制と、緻密な勤務評定と昇進のシステムが輸入され、戸籍と計帳による人民の把握や文書行政のシステムが取り入れられたことは高校の歴史教科書で記されるとおりである。

文明化を象徴するのは、大学の教科や学制を規定する学令であろう。『周易《しゅうえき》』以下『春秋《しゅんじゅう》左氏伝《さしでん》』『論語』『孝経《こうきょう》』にいたる教科書およびその注釈書が規定され、享受と学習を規定している。中国の儒教の学問を広く日本に普及させ、学問水準を高めることをめざしたのである。医療全般を規定する医疾令《いしつりょう》(残念ながら伝存せず復原研究がなされている)も、同じように当時最高の科学である唐の医療技術を日本に輸入し普及させたもので、日本に文明を持ちこんだと評価できる。

しかし規定があれば実現するわけではない。戸令には、家族法を定めた部分に結婚と離婚についての細かな規定がある。唐では結婚は、儒教の秩序(礼という)の重要な部分であって、婚約や女性を迎えるなど一定の儀式によって成立したが、しかし日本ではそのような儀式はないから、規定は無意味だった。日本の実態と異なり空文であったが、しかしこうした規定をしたことは、理想として意味があったのだろう。吉田孝氏は、「大宝律令の施行は建設すべき律令国家の青写真を提示したもの」で、「あるべき目標」であると論じている。これを青写真論と呼ぼう。

一方で、律令制は国家を動かすために、最初から機能することを前提にした側面がある。民衆支配や徴税など、国家の存立に不可欠な、国家支配の下部構造をなす部分である。東アジアの緊張した情勢のなかで生き残るために、急いで強力な国家を作る必要があり、こうした部分では唐制を輸入するというよりも、七世紀の日本の現状を受け継いで、実際に機能させなければならない。そこでは唐令に変更を加えて、実際には日本のそれまでのあり方(固有法という)を制度化している部分が大きいのである。これがもう一つの律令編纂の意義であるといえる。律令法が基礎としている当時の社会は、もっと土俗的で未開なものであった。それまでの固有な土俗的な社会の上にいわば接ぎ木をしたというか、律令制以前の氏族制のあり方を利用しながら日本独自の制度を作っている部分がある。とくに地方での豪族の伝統的支配と、地方の国造によるヤマト政権・大王へのミツキの貢納は、律令国家の地方支配の基礎になっている。したがって律令制といってもそれまでの固有なあり方を制度化した面があり、そこから固有法を読み取ることができるのである。

井上光貞氏は、律令国家は律令制と氏族制の二元的国家であるという指摘をしている。吉田孝氏は、より広い視野からそれを文明と未開ととらえ、いまだ未開な社会が文明化していく過程だと律令制の成立を意義づける。図9のような、氏族制の未開な社会の上に律令制の円錐がそびえ立っているイメージを描いている。したがって律令制のある部分には、実現されないが理想であり青写真の部分があると論ずるのである。

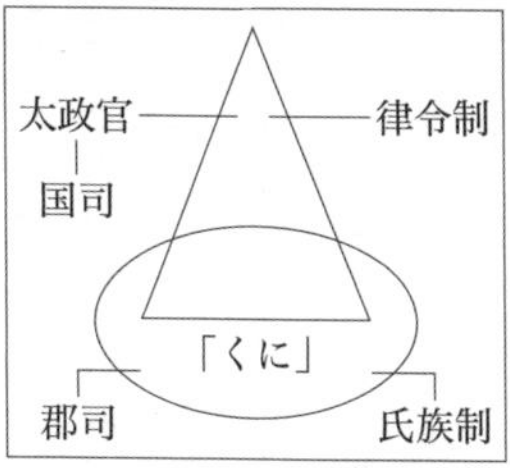

図9　律令国家の二重構造

戸籍と班田制

民衆支配の実現・強化が、律令国家あるいは中央集権国家形成にあたって重視された喫緊の課題であった。そのことは、大化改新の詔でも、民衆を把握する地方行政機関の郡(実際は評)、「戸籍・計帳・班田収授の法」そして「田の調」「仕丁の庸」などの独自の税制が規定されるのに対して、中央官制の整備がまったくみられないことからもわかる。改新の詔の信憑性には問題があり、のちの律令条文で潤色したと考える改新の詔否定説の立場を取る人もいるが、その場合でも律令制の重要な課題であったことは否定できないだろう。日唐令の篇目を比較すると(前掲表1)、唐では戸令は学令・選挙令・考課令とならんで前半に配置され、官僚の出身母体を把握するためという位置づけだったのに対して、日本では田令・賦役令が後半から前半の第九・第十に引き上げられ、戸令第八とセットにされていて、大きな変化である。改新詔にもみえたように、戸籍・計帳を作って班田をして徴税するという、戸令→田令→賦役令という論理構造が民衆支配に関して重要視されたことは、日本律令制の大きな特色といえる。

戸籍に関しては、先述のように七世紀後半以降、庚午年籍、庚寅年籍と作成され、人民把握が進められた。戸令18造計帳条で毎年計帳を作ることを定め、19造戸籍条で戸籍は六年に一度作り、里ごとに一巻とし、十一月よりはじめて翌五月までに完成し、三通作ってうち二通を太政官に送ることを定めている。正倉院文書のなかに伝わる奈良時代の戸籍は、唐代の戸籍とほぼ同じ形式であり(ただし美濃国戸籍のみ形式が異なり、これは浄御原令によっているらしい)、大宝令では唐の戸籍制度を輸入し、戸と戸口の把握を進めたのである。

班田制は、その戸籍に基づいて、全国の六歳以上の男子に口分田二段(女子は三分の二)を支給し、六年に一度班田を行ない、死亡などで収公すべき田地を収めるものである。田令3口分条には次のように規定する。

凡そ口分田給《たま》ふは、男に二段。女は三分の一を減ぜよ。五年以下には給はず。其れ地に寛狭あらば、郷土の法に従へ。易田《やくでん》は倍給せよ。給ひ訖《おわ》らば、具に町段《ちょうだん》及び四至《しし》を録せよ。

北魏以来発達してきた唐の均田制では、成人男子(丁)には一〇〇畝(世襲できる永業田二〇畝と口分田八〇畝)が支給されることになっていた。しかしこれは実際に班田される額ではなく、理想額である。現実に保有している田地が最低の二〇畝から一〇〇畝の間で調節され、一〇〇畝は限度額であった。吉田孝氏によれば、均田制は限田制的要素(土地を調査して登録し、大土地所有を制限する)と屯田制的要素(公田・官田を一定基準で人民に割り付け、耕作させる)の二つの側面をもっていた。これに対して日本の班田制は、後者の要素だけを継受し、対象者全員に熟田(現実に耕作できる田地)を一定額支給する制度であり、墾田開発に関わる官人永業田の制度を削除するなど、熟田だけを集中的に管理したとされる。

北宋天聖令の発見により、これまで『唐令拾遺』などで復原されなかった多くの唐令が知られるようになり、日本田令は唐令の条文をほぼ逐条的に継受していることがわかった。吐魯番文書から知られる唐代の西州(トゥルファン)での均田制のあり方を分析すると、日本の班田制に共通するところがある。西州は砂漠のなかのオアシスであり、田地が狭小ななかで民衆にあまねく均等に支給しようとして、田令の狭郷《きょうごう》(田地が不足する地域)規定をもとに、独自の給田体系を構築している。

日本の班田収授制は、均田制の狭郷規定をもとにして唐田令を全面的に継受して、男性全員に熟田を支給し、さらに唐と異なり課役と対応させずに女性や奴婢にまで全員に給田することがめざされたと考えられる。それが屯田制的要素だけを取り入れたということだろう。システムとしては唐令を全面的に受容しながら、一部の要素を独自の方向に拡大したところに日本田令の独自の特色が現れている。なお改新の詔以来一貫して「班田」といっていて、「均田制」といわない。この背景には先行する国造制下での何らかの班田(アカチダ)の存在が推測されるだろう。

調庸制――その歴史的背景

租庸調は、律令制の代名詞ともいうべき租税制度である。もちろん唐の律令制の制度を導入したものであるが、実際には大きな性格の違いがある。

唐での租庸調とは、丁男という二一歳から五九歳の男子に賦課される人頭税(課役という)で、均田制の給田に対応している。賦役令の第一条において、丁男は租を粟(籾付きの穀物)二石、調は養蚕地帯では絹二丈を、麻を植える地帯では布二丈五尺を納入し、さらに庸は、歳役という年二〇日の力役のかわりに絹または布を一定額納入することを規定する。簡単に言えば丁男は地域により調庸として絹二匹あるいは布二端を納入し、ほかに付加税の兼調として綿または麻が賦課される制度で、比較的単純なものである。絹と布は一般民衆が生産して納入したというより、唐の社会にあっては等価交換の基礎となる品目で、現物貨幣である。つまり文字通りの税金だったのである。

日本の調庸も、正丁(二一歳から六〇歳の男子)に一定額が課される人頭税で、その点では同じシステムを導入している。賦役令1調絹絁条は、調の税目と税額を規定し、

凡そ調の絹《かとり》・絁《きぬ》・糸・綿・布は、並びに郷土の所出《しょしゅつ》に随へ。正丁一人に絹・絁八尺五寸、六丁に疋成《ひきな》せ。長さ五丈二尺、広さ二尺二寸。

と、冒頭に正調の絹・布などの繊維製品を規定し、唐令に似ている。ただし続けて調雑物として、代わりに納める多くの品目を規定する。

若し雑物輸《いだ》さば、鉄十斤、鍬三口、口毎《くごと》に三斤。塩三斗、鰒《あわび》十八斤、堅魚《かつお》卅五斤、烏賊《いか》卅斤、螺《つび》卅二斤、熬海鼠《いりこ》廿六斤、雑魚の楚割五十斤、雑腊《ほしお》一百斤、紫菜《むらさきのり》四十八斤、雑海菜《もは》一

百六十斤、海藻《め》一百三十斤、滑海藻《あらめ》二百六十斤、海松《みる》一百三十斤(以下略)。

と鉱産物や塩、海産物、海藻を規定する。平城宮から木簡が出土したことによって、奈良時代にはたとえば伊豆国・駿河国からは調としてほとんどがカツオ、安房国・上総国からはアワビ、尾張国からは塩が進上されていたことがわかった。中国で税金として調庸を納入するのと異なり、各国の特産物を中央に献上する制度なのである。海産物の生産は実際には個人でなく集団での漁によることに典型的なように、郡司など地方豪族に率いられた共同体的な生産を基礎にすることも特色である。正調でも絹・絁は「六丁に疋を成せ」とあり、多人数で反物の一単位(疋)を成すように規定する。ちなみに令文の絹一疋=五条二尺×二尺二寸という長さ・幅は、大宝以後まったくみえないものである。異例な調雑物の多品目の列挙とあわせて、憶測であるが本条が浄御原令に遡る可能性があると思う。

この調は、ツキ、ミツキと読み、木簡には「御調」と書く例もある。律令制以前に、地方豪族が任じられていた国造が、中央政府にその土地の特産物を献上するミツキという慣行があり、それを継承したものなのである。ミツキは「みつぎもの」である。

一方の庸は、養老賦役令4歳役条に、

凡そ正丁の歳役は十日、若し庸収《おさ》むべきは布二丈六尺。一日に二尺六寸。(以下略)

と中央での力役年間一〇日のかわりに布二丈六尺を規定する。大宝令では全員から庸を徴収する規定だったと考えられ、養老令で唐令にまねて歳役を規定するように改訂されたが、実際には空文であった。必要な力役は、徴集した庸を用いてそれによる雇役が行なわれた。

庸は規定される布のほか、米・塩・綿でも徴収されたが、唐のように調と同じ品目で調庸として納入することは少なく、海産物や海藻を庸として納入することはない。それは庸にも独自の歴史的背景があったためである。庸はチカラシロとよむ。名代《なしろ》など部民制において、大王の宮に上番して奉仕するトモの生活を支えるために郷里の部民衆団が生活の糧米を送るシステムがあって、それがチカラのシロ(代わり)である。

大化改新の詔第四条では、仕丁や采女のチカラシロとして五〇戸・一〇〇戸が庸布・庸米を出すことを規定していた。飛鳥の石神遺跡出土の木簡(天武朝〜持統朝前半)には、五〇戸を単位として仕丁と「養米」が送られていることがみえるが、仕丁の庸米であろう。大宝令でこれが拡大されて人頭税としての庸になる。賦役令には38仕丁条として五〇戸ごとに正丁二人を都へ上番させて官司の雑役にあてる日本独自の仕丁の規定をつくるが、奈良時代の民衆は、賦課された庸を、人頭税というよりも自分の郷里から上番した仕丁の一ヵ月分の養物という意識で納税していたことが木簡の付札からうかがわれる。

税の宗教的な意味

田租は、唐の租と異なり、正丁でなく、班田額に応じて賦課される。賦役令に規定はなく、田令1田長条で田積を定めるが、そこに付けたりの形で規定される。

凡そ田は、長さ卅歩《ぶ》、広さ十二歩を段と為《せ》よ。十段を町《ちょう》と為よ。段の租稲二束二把、町の租稲廿二束。

この二束《そく》二把《わ》(不《ふ》成斤《せいきん》)規定はすぐに一束五把(成斤、度量衡の改定により実質は同じ)に戻るが、もともと稲一束とれる土地を一代(シロ)とする原始的な田積法があり、「熟田百代租稲三束」だったことを継承している(二〇〇代＝二段なので段租は一束五把である)。これは「令前租法」と呼ばれているので、大宝令以前から(おそらく浄御原令で)すでに田租(タチカラ)が成立していたらしい。田地に賦課され収穫の三パーセントと税率がきわめて低くその後も変更されず、独立した条文で規定しないことなど、租は律令国家にとっていわゆる租税と認められなかったという指摘がある。その田地でとれた収穫の初穂を神に捧げる初穂貢納に起源をもつために、宗教的な意味をもっていたと考えられている。

調として納めるアワビ・カツオ・ワカメなどは、いずれも干鮑や鰹節などのように乾して加工して長期保存できるようになっている。都へ運び税として中央で消費されるための必要な技術である。一方で贄《にえ》といって、新鮮な海産物を含め、天皇の食事用に献上する制度もあるが、アワビもワカメも両者に共通し、本来は重なり合っていた制度である。贄は、生贄というように本来は神に捧げるもので、それが天皇への献上物になった。調という税制もまた、神そして天皇への供え物という宗教的性格をもつのが、日本古代の特色である。

田租は、地方の正倉に保管蓄積されるのが原則だが、中央に輸納される調がどのように使われるかを考えるとさらに興味深い。諸国は十月から十二月にかけて大蔵省に調を納める（賦役令3調庸物条）。

『藤波本神祇令』の神祇令8仲冬条に付された書き入れによると、十一月に畿内の特定の神社を対象に行なわれる相嘗祭について「先づ調庸荷前および当年新穀を諸神に祭る」（貞観の律令講書私記）とあり、調庸荷前（ノサキ）を、まず神々にささげるのが相嘗であり、年末に天皇の祖先の山陵にささげるのを荷前《のさき》というとする（延喜の律令講書私記）。荷前は「はつほ」ともいい、その年の最初の収穫の意味であり、それを神々にも祖先にもささげる。さらに相嘗祭だけでなく、二月に全国の官社を対象にして豊作を祈る祈年祭にしても、班たれて神に奉られる幣帛《へいはく》は、「ミツキの荷前」であった。春日祭の祝詞《のりと》（『延喜式』）を見ると、奉る神宝は、御鏡・御横刀《みはかし》・御弓《みとらし》(中略)、四方《よも》の国の献れる御調の荷前とりならべて、青海原のものは、鰭《はた》の広物・鰭の狭物、奥藻菜《おくつもは》・辺藻菜《へつもは》、山野の物は、甘菜・辛菜に至るまで(中略)、くさぐさの物を横山のごとく積み置きて(以下略)。

とあるように、幣帛は、「四方の国の献れる御調の荷前」だったのである。「御取鰒《みとりあわび》」は志摩・隠岐・阿波などの調の品目としてみえ(『延喜式』)、平城宮木簡でも確認できるが、現在でも「身取鰒」は伊勢神宮の神饌《しんせん》の代表的なものである。

日本の調は、民衆から郡司などの地方豪族によってまとめられて、おそらく国造以来の服属の証としてミツキとして奉られたが、その意味は神への捧げ物であった。それを集めた天皇・律令国家は、地方豪族に代わって、天皇の祖先や神々に奉納して、収穫に感謝し豊作を祈り、国家の安寧を祈ったのである。その残りが国家財政の収入として使われるという構造であった。

律令国家のフィクション

古代国家の支配の基礎には、郡司に代表される地方豪族の民衆支配があり、天皇が民衆を支配する関係は二次的な関係であるというのが、石母田正氏が『日本の古代国家』において文化人類学の成果を学んで構築した「在地首長制論」である。戸籍計帳の作成にしろ、徴税にしろ、在地での勧農・祭祀など、それを可能にしたのは地方豪族の共同体支配である。彼らを郡司として制度化して組み込んだことが律令国家の支配の基礎なのであり、大化改新で全国に評をたてたのである。さらにそうした地方豪族が天皇に服属し、ミツキを奉った、つまり天皇あるいは律令国家の支配を全国に及ぼすことを可能にした前提には、天皇の持つ宗教的な力、あるいは祭祀があったと考えるべきだろう。

このように租庸調制は、律令以前のミツキ・チカラシロ・タチカラなどの慣行の上に成立し、中国の租庸調とは大きく性格を異にしていた。律令法の導入により調庸が籍帳により把握した正丁の数に応じて徴収するようになり、賦役令において課税の免除の基準などが精緻に制度化された。

課役とは、成年男子にかかる定額人頭税であり、計帳で課税される課口数を里や郡単位で集計することで税額が決まる。人頭税はそもそも人数さえわかれば徴税できるというおおまかな仕組みで、だから古代国家に共通する税システムであったことに留意すべきであろう。それを日本では伝統的な豪族である郡司の、唐ならば里正などの一定範囲の支配力に依存することで、いわば納税を請負わせていた側面がある。改新の詔の「田の調」も、その前段階の田地を基準とする評単位のおおまかな請負として考えれば、律令制へ連続して理解できると思う。

「個別人身的支配」という用語は、秦漢帝国の支配を分析した東洋史研究者の用語であり、古代国家の強力さの代名詞とされるが、実際には構造的にこうしたフィクションを含んでいたことにも気づきたい。

第五章　官僚制と天皇

位階――貴族制的秩序

以上、律令制の民衆支配、地方支配の側面をみてきたが、律令国家成立のもう一つの重要な側面としては、官僚制の成立や政治システムの輸入など、中央政府の国家機構があげられる。位階秩序をもとにする官位相当制、二官八省の官制と四等官制、文書行政などが教科書にも出てくる律令制の代名詞であろう。さらにそれらを統轄する権力として天皇が位置づけられる。

推古朝の冠位十二階にはじまり、浄御原令の位階制をうけて正一位から少初位までの三〇階が作られる。毎年の勤務評定(考)を積み重ね、評価に応じて位階が昇進(選)する。位階をもとに相当する官職に就くというのが官位相当制である。令の冒頭にある官位令は「親王一品　太政大臣」「諸王　諸臣、正一位　従一位　太政大臣、正二位　従二位　左右大臣」にはじまり「少初位　主水令史(以下略)」に至るまで、位ごとに職事官を列挙し、位と官の関係を規定する。一見すると唐令と同じなのだが、意味は大きく違うことを宮崎市定氏が指摘している。唐の官品令は「官の品」つまり官職の等級を示す。中国では官職が位(品)をもっていて、官職に就くことによりその位がついてくるのである。ところが日本では人に位がつき、身分を示すのは官ではなく位階である。位階の秩序が天皇からの距離として優先するのが特色である。

位階制のなかで、五位に大きな意味がある。五位以上は貴族とされ、禄令《ろくりょう》10食封条によれば

表2　官位相当制

位階			神祇官	太政官	中務省	中務以外の7省	衛府(中衛府*)	大宰府 弾正台	国司	勲位
貴族	貴(**公卿)	正一位 従一位		太政大臣				(下線は大宰府管轄下の防人司)		
		正二位 従二位		左右大臣 内大臣*						
		正三位		大納言						勲一等
		従三位		中納言*				帥		二等
	通貴	正四位 上			卿					三等
		正四位 下		参議*		卿				三等
		従四位 上		左右大弁			大将*	尹		四等
		従四位 下	伯							四等
		正五位 上		左右中弁	大輔		衛門督 少将*	大弐		五等
		正五位 下		左右少弁		大輔 大判事		弼		五等
		従五位 上			少輔		兵衛督		大国守	六等
		従五位 下	大副	少納言	侍従	少輔	衛門佐	少弐	上国守	六等
官人		正六位 上	少副	左右大史				大忠		七等
		正六位 下			大丞	大丞 中判事	兵衛佐	大監 少忠	大国介 中国守	七等
		従六位 上	大祐		少丞	少丞	将監*	少監	上国介	八等
		従六位 下	少祐			少判事	衛門大尉	大判事	下国守	八等
		正七位 上		大外記 左右少史	大録	大録	衛門少尉	大典・防人正・大疏		九等
		正七位 下			大主鈴	判事大属	兵衛大尉	主神	大国大掾	九等
		従七位 上		少外記			兵衛少尉 将曹*		大国少掾・上国掾	十等
		従七位 下						博士		十等
		正八位 上			少録 少主鈴	少録		少典・医師・防人佑・少疏	中国掾	十一等
		正八位 下	大史			判事少属	衛門大志			十一等
		従八位 上	少史				衛門少志 兵衛大志		大国大目	十二等
		従八位 下					兵衛少志		大国少目・上国目	十二等
		大初位 上						判事大令使		
		大初位 下						判事少令使	中国目	
		少初位 上							下国目	
		少初位 下								

太字は長官，■次官，■判官，■主典，*は令外官.
**公卿は大臣，大納言・中納言・参議および三位以上の者をいう.
なお，中衛府は神亀5年(728)8月の設置時の官位相当.

表3　蔭階表

官　人	嫡　子	庶　子	嫡　孫	庶　孫
正・従一位	従五位下	正六位上	正六位上	正六位下
正・従二位	正六位下	従六位上	従六位上	従六位下
正・従三位	従六位上	従六位下	従六位下	正七位上
正四位上・下	正七位下	従七位上		
従四位上・下	従七位上	従七位下		
正五位上・下	正八位下	従八位上		
従五位上・下	従八位上	従八位下		

太政大臣・左右大臣・大納言の議政官に職封《しきふ》が与えられ、「正一位三百戸」以下「従三位一百戸」と、三位以上には位封《いふ》（封戸分の調庸などが収入となる）が与えられ、五位以上には「正四位に、絁十疋、綿十屯、布五十端、庸布三百六十常」などとして、位禄《いろく》（封戸の代わり）が支給されるが、六位以下は年二回の季禄《きろく》のみであり、五位以上とは給与に大きな格差がある。選叙令《せんじょりょう》38五位以上子条は、いわゆる蔭《おん》位《い》の制を規定する。

> 凡そ五位以上の子の出身するは、一位の嫡子従五位下、庶子正六位上、（中略）従五位の嫡子従八位上、庶子従八位下。三位以上は蔭、孫に及ぼせ、子に一等下せ。
> （以下略）

として五位以上官人の子孫は、二一歳になると自動的に叙位され（選叙令34授位条）、内舎人《うどねり》、大舎人《おおとねり》などとして出身する（軍防令46五位子孫条）。これは唐の資蔭《しいん》の制をモデルに作られたものだが、日本の蔭位の初叙の位階はきわめて高く設定されている。五品以上を貴族(通貴《つうき》)とする唐制を継受したものだが、日本ではこの規定により五位以上の氏の子孫は、ほぼ自動的に五位にまで昇ることができ、特権が守られて、貴族が再生産される仕組みになっているといえる。

関晃氏が指摘するように、日本では貴族制的要素が強く、五位以上はヤマト政権を構成していた畿内出身の「氏」、伝統的な有力氏族(「臣《おみ》・連《むらじ》」と称される)が独占していて、五位は伝統的な身分としての性格をもっていたのである。五位以上の官人は、天皇に近侍するマヘツキミ(大夫)としての一体感をもっていたことが指摘される。彼らは天皇と人格的なつながりをもっていたと考えられ、それによって実際には官僚制が機能していたようである。

二官八省制――太政官の強い権限

二官八省制は、唐の尚書省の下に吏部・戸部などの六部がおかれる機構を模倣している。しかしながら唐は三省六部であって、中書・門下・尚書からなる三省制を、太政官一つにして継受し、別に神祇官を設けたことに特色がある。すなわち、唐では中書省が詔勅の起草にあたり、門下省がそれをチェックし、尚書省が六部二十四曹を率いてそれを実施するという構造だったが、太政官は三省の役割を一つにまとめたのである。したがって門下省のチェック機能、皇帝の専権を掣肘《せいちゅう》できる機能も取り込んでいる。

公式令には、太政官議政官が合議して上奏する「論奏《ろんそう》」という書式がある（３論奏式条、先の長屋王等の上奏もこれだろう）。それで奏上すると規定されている項目は、唐令では「奏抄」を用いるものと「発日勅」を用いるものの両者にわたっている。唐では皇帝の発意（勅）により命ぜられるべきものが、太政官の発議すべきものになっていることから、太政官の権限の大きさがうかがえる。藤原宮子の称号事件にみられたように、太政官は天皇権力を制約できる力を伝統的にもっていたのである。

太政官の議政官（大臣・大納言に格制の中納言・参議が加わる、平安時代には公卿と呼ばれる）は、その前身に、大臣・大連のもとに各氏族の代表の大夫があつまる、マヘツキミの会議があった。したがって畿内有力豪族の代表者会議という性格を継承していて、奈良時代初めまでは各氏族から一人ずつ出る慣行があった。律令国家は、伝統的な畿内豪族層が五位以上の官人となり、天皇のもとに太政官を中心に結集して、地方の畿外豪族を支配しているのが本質であり、ヤマト政権のあり方を継承していると考えられる。こうした考え方を畿内政権論といい、関晃氏が提唱し、早川庄八氏がより議論を深め、筆者もその驥尾に付して論じたことがある。律令国家は天皇を中心とする専制国家だとして反対する説もあり、奈良時代の天皇がそうした専制君主化をめざしたことも事実だが、律令法が構造としてヤマト政権のあり方を継承していることは、否定できないだろう。

八省(中務・式部・治部・民部・兵部・刑部・大蔵・宮内省)などの行政官司については、省ごとに前身や伝統が異なっている。石母田正氏は、かつての大王の私的な家産組織を継承し、多くの被管官庁(職一、寮四、司一三)をもっている宮内省や中務省のような古い型の省と主計寮と主税寮しかもたない民部省や式部省のような新しい型の省があることを指摘している。

宮内省被管の主殿寮《とのもりょう》を取り上げれば、そこには殿部《とのもりべ》四〇人が置かれるが、日置・子部・車持・笠取・鴨の五氏から世襲的に取られる。これは負名氏《なおいのうじ》とよばれ、日置氏は灯燭《とうしょく》をつかさどり、車持氏は行幸時に輦輿《れんよ》をかつぎ、笠取氏は天皇の蓋笠《きぬがさ》・繖扇《さしば》を持つ役目であるなど、これら伴部《ともべ》の制は、令制以前からの天皇の家産的組織を継承していて、氏族制的な伴造《とものみやつこ》制が令制官司のなかで生きているのである。一方で民部省は諸国の籍帳、課役、田地などをつかさどり、主計寮は諸国からの調庸を計算、チェックし、主税寮は諸国の正倉の田租・正税の使用と貯蓄を管理するなど、過去の伝統から断絶した、律令国家による新しい支配方式を支える機構なのである。

四等官制――マヘツキミの職掌分担

各官司の内部には、長官－次官－判官－主典という、中国よりも単純な四等官制がつくられている。役所のランク(省・職・寮・衛府・国司など)に応じてあてる漢字は異なるのだが、いずれもカミ・スケ・ジョウ(マツリゴトヒト)・サカン(フヒト)と読む(表4)。

職員令《しきいんりょう》1神祇官条によれば、長官は「官の事を惣《す》べ判《ことわ》ること」、次官は「掌ること、伯(カミ)に同じ」と規定があり、ともに官司の事務を総判する。判官は「官内を糺《ただ》し判り、文案を審署《しんじょ》し、稽失《けいしつ》を勾《かんが》へ、宿直《しゅくじき》を知ること」と不正や誤りをチェックし、主典は「事を受けて上抄《じょうしょう》し、文案を勘署《かんじょ》し、稽失を検出し、公文を読み申すこと」として、文書の作成、読み上げをすると規定する。これは職員令の以下の省・寮・衛府などのすべての官司に適応されるので、カミ・スケ・ジョウ・サカンという四等官の職掌分担は共通している。これを四等官制という。

吉川真司氏によれば、唐では文書行政において三判制といって各部署の判官が分判し、通判官が通判(戸部尚書〈長官〉・侍郎〈通判官〉のもとに戸部・度支・金部・倉部の四曹があるように、尚書六部は各四曹司に分かれる)、長官が総判して、それぞれ文書をはり継いだ案巻という書類に自筆で判辞を書き入れる。ところが日本では文書行政といいながらも案巻処理は行なわれない。

表4　四等官制

	神祇官	太政官	省	職	寮	衛府	大宰府	国	郡
長官	伯	左右大臣	卿	大夫	頭	督	帥	守	大領
次官	大少副	大納言	大少輔	亮	助	佐	大少弐	介	少領
判官	大少祐	左右大中少弁 少納言	大少丞	進	允	大少尉	大少監	掾	主政
主典	大少史	左右大少史 大少外記	大少録	属	属	大少志	大少典	目	主帳

主典が文書を読み上げて、それを長官以下が口頭で決裁をする（宣という）。決裁の結果はその場に居合わせた官人が共知するという連帯責任制であったことを明らかにした。それぞれの責任や分掌は実質的に存在せず、官司内に分曹もないことから、通判官でなく次官として長官と同じ職掌となっているとした。

とはいえ長官と次官が同じ職掌では長官が二人いるようなものである。東野治之・中村順昭・大隅清陽氏などによれば、四等官制は飛鳥浄御原令により天武朝末年に成立すると考えられるが、それ以前の六世紀末から天武初年には、長官（カミ）・次官（スケ）・実務官人（マツリゴトヒト・フヒト）という三等官制が存在していて、長官・次官はいずれも後の五位以上にあたる有力氏族出身のマヘツキミから選ばれている。二名（あるいはそれ以上）のマヘツキミが実務官人を率いて政務を分担するという体制が存在していて、その下の実務官人を判官と書記官の主典に分割することによって四等官制が成立したと考えられる。

宮内省管下の天皇の食膳の調理を担当する内膳司には長官の奉膳《ぶぜん》が定員二名おかれ（職員令46内膳司条）、高橋氏と安曇氏があたる。これは古い伴造制のあり方が継承された特殊な例と考えられるが、八世紀になっても臨時におかれた造平城京司長官（和銅元年〈七〇八〉九月）や造宮省の卿（天平十三年〈七四一〉九月、恭仁宮《くにのみや》造営）は二名任命されている。有名なところでは平安時代嵯峨天皇によりおかれた令外《りょうげ》の職である蔵人所《くろうどどころ》の長官蔵人頭《くろうどのとう》は当初より二名である。長官が複数いるというのは日本古代国家の古くからの伝統だったようである。

また春名宏昭氏は、四位官（首席官）・五位官（次席官）・六位官（実務官）という位階による秩序を考え、唐の尚書省の二十四司－六部の関係を模倣して、被管の寮・司もすべて省の卿（四位官）が統轄する体制が作られたと述べている。さらに四等官制のなかでも位の秩序が優先していて、実際には五位以上を占める畿内有力豪族出身のマヘツキミの役割が重要で、彼らが各官司において決裁権を握っていたことが指摘されている。

「宣」の世界――音声の呪術的機能

律令制の高度な統治技術としての特色は、文書行政にある。中国で紙に書いた文書による官僚制の運用の高度なシステムが作り上げられた。日本でそれを輸入して（紙の文書だけでなく木簡も含め)文書行政のシステムが成立するが、実際には口頭伝達の世界が奈良時代においてもなお重要な位置を占めていたことを指摘したのが早川庄八氏である。上に述べたように日常の官司運営でも、長官以下判官以上が口頭で決裁をし、それを「宣」といったのである。

文書の書式を定める公式令には、冒頭に天皇の命令のうち最高位の法として1詔書式条を規定する。重要性によって五種類の書き出しがあり、その一番目をあげる。

明神《あきつみかみ》と御宇《あめのしたしろしめす》日本の天皇《すめら》が詔旨《おおみこと》らまと、云々、咸聞《ことごとくにききたまえ》。

これは原文は漢字のみで書いてあるが、漢文ではない。法の内容は「云々」というところに入るが、そこも普通の漢文ではない。宣命体という、特別な読み上げる日本語の文体である。法として地方に伝達するためには別に漢文で詔書を作ったとする説もあるが、律令国家の最高位の法様式は、口頭で読み上げるものとして律令は規定した。公式令は役所どうしあるいは地方から中央への文書書式を規定するが、天皇の詔書だけは、「スメラミコト」の「ミコトノリ」として口頭で「のる」必要があったことを示す。

法という漢字、および類似する令、式、典などの字も、これにあたる日本語・訓は「のり」しかない。法とは、神意を知る大王・天皇によってのられるものだった。それは天皇制の本質に関わり、朝廷に列立する官人たちに、天皇の命令は「ミコトノリ」として、音声で読み上げられた。

官人の任官にあたっても、日本では唐と異なり、文書による辞令(唐では告身《こくしん》)は作られず、やはり宣命により口頭で発表、伝達された。音声言語のもつ呪術的な機能、儀礼的意味があったと考えられる。一方で叙位においては、位記が作られて、そこには「天皇御璽」印が捺された。

このように律令官僚制は、唐の高度な国制を参考にして作り上げられたシステムなのだが、位階制や実際の運用において、日本独自な部分が多く残っていたのである。

天皇の服――なぜ規定されないのか

もう一つ律令制の特色として、律令が継受しなかった、日本の律令では規定していない部分に触れよう。唐の開元令では上から三分の二くらいのところに、鹵簿令《ろぼりょう》がある。鹵簿とは皇帝の行列のことで、さまざまな場合の行列の編成について、上下二巻に細かく規定しているが、日本令には鹵簿令という篇目はない。日本では天皇の行列のあり方を規定しなかったのだが、一般的に日本の律令には、天皇についてほとんど規定がない。それはなぜだろうか。

興味深いのは、皇帝以下臣下の服装を定める衣服令《いふくりょう》という篇目である。唐令では冒頭に乗輿服（皇帝の衣服）を1大裘冕条《だいきゆうべん》（天神地祇を祀る）、2袞冕条《こんべん》（謁廟・践阼《せんそ》・元日受朝など）以下詳しく規定する。しかし日本の衣服令では、冒頭が皇太子の礼服（儀礼用の中国的な服装）からはじまり、臣下の礼服、朝服などを規定するが、天皇の衣服についての規定はまったくない。

衣服令には服色の序列を定める唐にはない独自の条文（7服色《ぶくしき》条）がある。

凡そ服色は、白、黄丹《おうだん》、紫、蘇方《すほう》、緋《あけ》、紅《くれない》、黄橡《きつるばみ》（中略）、此の如き属《たぐい》は、当色以下、各兼ねて服することを得《う》。

日本では服色は天皇から賜り聴《ゆる》されるもので、身分や位階に応じた色の序列が作られた。その色は、冒頭が白、二番が黄丹（紅色を帯びたくちなし色）、三番が紫である。黄丹は皇太子礼服の色、紫は親王以下の礼服の色であるので、冒頭におかれる白は、当然天皇の服の色のはずである。衣服令に具体的に規定はされないが、律令は天皇の服（正装）の色として白を想定していたと考えられる。この白とは「帛衣《はくい》」（喪葬令にみえる）と呼ばれる白の練絹の衣で、平安時代に至り天皇が神事に際して着用すると明文規定される（後述する）。天皇が神をまつるときに使う白い衣こそが天皇の正装であることは、おそらく卑弥呼以来の起源をもつ天皇の司祭者としての本質的機能に関わるのだろう。固有の習俗として変更できなかったと考えられる。

律令制が天皇について規定しないのは、天皇の本質に関わる固有の習俗があり、中国律令制の文明に比べるときにはなお未開というべきもので、律令制に規定できなかったからと考えることができる。八世紀はじめの段階では、固有の習俗に包まれた天皇制を、それは国家の本質に関わるがゆえに、中国的なものに変えることができなかったのだろう。鹵簿令を削除したのも、おそらく天皇の行列は一種の神祭りの行列であり、中国の皇帝のそれとはまったく違っていたから明文で規定できなかったのだろう。

神話と儀礼——天皇統治の正統性

天皇の即位については、神祇令13践祚《せんそ》条に以下のように規定する。

凡そ践祚の日には、中臣、天神《あまつかみ》の寿詞《よごと》を奏し、忌部《いんべ》、神璽《じんじ》の鏡剣を上《たてまつ》れ。

『日本書紀』持統四年(六九〇)正月戊寅《ぼいん》朔日条に、

物部麻呂朝臣、大盾《おおたて》を樹《た》つ。神祇伯《かんづかさのかみ》中臣大嶋朝臣、天神の寿詞を読む。畢《おわ》りて忌部宿禰色夫知《しこぶち》、神璽《かみのしるし》の鏡剣を皇后に奉上《たてまつ》る。皇后、天皇位に即く。公卿百寮、羅列《つらな》りて匝《あまね》く拝みて、拍手す。

とみえる持統天皇の即位式は本条の規定によって行なわれたのは明らかで、浄御原令で本条は成立したらしい。ここから律令制下の天皇は何に支えられたかがわかる。中臣氏による天神寿詞は、おそらく天《あま》つ日《ひ》嗣《つぎ》（皇統系譜）の神話を言挙げし、「天日嗣高御《たかみ》座《くら》」と呼ばれる天皇の座の意味を確認する役割がある。翌年の大嘗祭でも中臣大嶋がふたたび天神寿詞を読んでおり、新天皇が高天原のアマテラス、その孫ニニギ以来の血統を継いで即位することを示すのである。

一方の忌部氏による鏡剣の奉上は、大化前代には大臣に率いられ「群臣」「大夫」と呼ばれる畿内豪族によって献上され、それにより大王が即位した伝統を継承している。天皇を支えた基盤は畿内豪族、五位以上官人の集団にあるのだろう。彼らが天皇に仕え奉り、即位を承認し、天皇は彼らにカバネ（姓）を賜い地位（ツカサ）を認めるという、氏姓制度の関係が残っていたのであろう。

この「神璽の鏡剣」とは、いわゆる三種の神器のうちの八《や》咫鏡《たのかがみ》と天叢雲《あめのむらくもの》剣《つるぎ》（草薙剣《くさなぎのつるぎ》）である。これは記紀神話においてはアマテラスから天孫のニニギに大八洲国の支配の正統性を保証するために下されたものと位置づけられている。それを新天皇に奉上することで即位の正統性をしめしたのである。つまり天皇統治の正統性は、神話にあったことがわかるだろう。

このほか神祇令14大嘗条には、天皇の即位に関わって、

凡そ大嘗《おおむべ》は、毎世一年、国司事を行《おこな》へ。以外は毎年所司事を行へ。

として、いわゆる一代一度の大嘗祭をさだめ、諸国を代表する悠紀《ゆき》・主基《すき》国が献上する新穀を

天皇が神とともに食することが重要だった。大嘗祭が整備されるのも天武・持統朝と考えられ、『日本書紀』によれば天武二年(六七三)十二月には大嘗祭に奉仕した中臣・忌部や播磨・丹波の国の郡司に賜禄がなされ、持統五年(六九一)十一月には「神祇官の長上以下神部等に至るまで、及び供奉れる播磨・因幡の国の郡司以下、百姓の男女に至るまでに饗し」ている。地方を支配することを「食国(オスクニ)」といい、「食国天下の政」は天皇の統治行為の中心概念であったことが示すように、地方豪族がその土地でとれた食物を献上し天皇が食することが服属を示す儀礼だったのである。

さらに神祇令10即位条に、

凡そ天皇即位せば、惣べて天神地祇を祭れ。散斎《さんさい》一月、致斎《ちさい》三日、それ大《おおみてぐら》幣は三月の内に修理し訖《お》へしめよ。

と一代一度の全官社の班幣祭祀を定める。この全国を対象とする班幣は『続日本紀』によれば大宝二年(七〇二)二月に行なわれているが、「大幣を班《わか》たむために、馳駅《ちやく》して諸国の国造等を追《め》して入京せしむ」とあるように、この時入京させたのは国造であった。国造が領内の祝部《はふりべ》を率いて上京し、朝廷からミテグラを受け取るというのは、旧来の国造の服属儀礼を継承してはじめられた祭祀であったことを示しているだろう。

以上みてきたように、天皇のあり方については、唐の皇帝を模倣する新しい側面は少なく、古墳時代以来の大王の位置づけと役割を継承し、氏姓制度のあり方に依拠していた。即位や大嘗祭など天皇に関わる神祇制度は、多くは天武朝、浄御原令において整備されたのであるが、天皇の存在が神話に裏づけられ、地方豪族の服属の上に即位できたことを示している。

天皇制は、大宝律令において君主としての位置が制度化されたので、律令制によって成立したように考えられがちであるが、実際には天皇の周辺に固有な古い習俗が最も多く残存していた。天皇はその本質に関わって宗教的・神話的存在であり、さまざまなタブーに囲まれていたのだろう。それゆえ大宝・養老律令の編纂時には天皇制について規定できなかったのである。しかし奈良時代中期から平安時代にかけて天皇の周辺にも中国文明が浸透していき、天皇のあり方が法に規定されるようになっていく。

第六章　帰化人と知識・技術

律令国家のなかの帰化人

律令国家の中心となったのは、五位以上官人を生み出す、かつて「臣・連」と称された伝統的な畿内豪族であり、その下に六位以下の下級官人となって奉仕する、伴造《とものみやつこ》などの中小豪族がいると考えられる。しかしそれ以外に、帰化人といわれる氏族も律令国家で大きな役割をはたした。例外的に律令条文にもその役割が規定され、その姿を表している。

大学・国学など学制全般を規定する学令2大学生条には、

　凡そ大学生《だいがくのしょう》には、五位以上の子孫、及び東西（ヤマトカワチ）の史部（フヒトベ）の子を取りて為せ。若し八位以上の子、情願せば聴《ゆる》せ。（中略）並びに年十三以上十六以下にして、聡令《そうれい》なる者を取りてせよ。

と規定する。この東西の史部は、「倭・川内の文忌寸《ふみのいみき》らをもととなす東西の史等」（『令集解』「古記」）とあり、大和と河内に居住し、東の文忌寸（天武朝以前は文直《あやのあたい》）と西の文忌寸（以前は文首《ふみのおびと》）を中心に集まっていた帰化人である。彼らは「前代以来奕世《えきせ》業を継ぎ、或いは史官、或いは博士、因りて以て姓を賜ひて、惣べて史と謂ふ」（『令義解』）とされる。学生に彼らをとれというのはもちろん日本独自の規定だが、丸山裕美子氏がいうように、まず史姓の帰化人の世襲された知識に期待したということだろう。ほかにも律令では、神祇令18大祓条に、六月・十二月の罪や穢れをはらう大祓において「東西文部《ふひとべ》、祓《はらえ》の刀《たち》を上《たてまつ》り、祓詞《はらえごと》を読め」と、史を統率する東《やまとの》文直《ふみのあたい》氏と西史首《かわちのふみのおびと》氏の担当が定められ、『続日本紀』には大宝二年（七〇二）十二月に大祓を中止したとき「東西文部解除《はらえ》すること常の如し」とみえている。

こうした大和・河内の史部などの古い帰化人だけでなく、白村江の戦い以降倭に亡命した新しい帰化人も大学で活躍している。天智朝には大学寮の前身である学職頭《ふみのつかさのかみ》に鬼室集斯《きしつしゅうし》（鬼室福信の子孫か）が任じられた。奈良時代に大学頭《だいがくのかみ》となった人として、楽浪河内は同じ百済遺民であるが、山田史御方はまさに「史」姓の帰化人であり（新羅に留学した）、調忌寸老人《つきのいみきおきな》も百済からの古い帰化人である。大学助になった肖奈公行文は、従来背奈公と読まれていたが「肖奈」が正しく、高句麗の五部の一つ消奈部に由来するようで、高句麗滅亡による遺民だった。

なお医療官人や医学教育を規定する医疾令においても、医生以下には「先づ薬部《くすりべ》および世襲を取れ」と規定する。「薬部」とは、大化前代から姓に薬師を称す蜂田薬師《はちだのくすし》・奈良薬師・難波薬師などである。つまり「薬師」氏族、古い帰化人と、三代にわたり医学を継承したものに期待していた。第一章で触れた薬師恵日も、遠祖はもと高句麗人で雄略朝に百済から来朝した帰化人で、推古朝に唐において医術を学び、以後代々薬師姓（難波薬師）を蒙った（『続日本紀』天平宝字二年〈七五八〉四月）。実際には科学技術は最新のものが求められたから、百済からの新しい帰化人の活躍も顕著であり、新旧の帰化人が活躍していたのである。

　正倉院文書とは、光明皇后が発願したものを中心に写経事業を行なった東大寺写経所の事務帳簿が残ったものであるが、そこにはこの事業に動員された多くの写経生の名前がみられる。すこし正倉院文書をいじったことがある人なら、そこには帰化人が多いというだけでなく、六国史など正史にはまったくみられない姓が現れることに気づくだろう。秦氏・東漢《やまとのあや》氏やその枝族で「村主《すぐり》(勝)」「忌寸」姓をもつもの、田辺史《たなべのふひと》・陽《や》侯史《このふひと》などの「史」姓をもつ帰化人だけでなく、万昆・鬼室・念林・答他・達沙・余・高・荊・金・角・古・楊・張などのカバネをもたない不思議な姓が現れ、『続日本紀』に記録されている奈良時代の五位以上官人の世界とはまったく異なる世界がみられる。一字姓に典型的だが、これは丸山裕美子氏がいうように、白村江以後の百済遺民・高句麗遺民であろう(このうち余・高は百済・高句麗の王姓である)。光明皇后による一切経書写という国家プロジェクトを支えたのは、大和朝廷以来の中小氏族の人々に加えて、文字・漢文の力をもつ古い帰化人た

図 10　石塔寺の石造三重塔
(近江国蒲生郡，天智朝に百済の貴族ら 700 人を安置した)

ちと、新しい百済遺民・高句麗遺民だったのである。

古代日本の帝国構造と技術

士農工商といえば、日本では江戸時代の身分だが、本来は中国の概念で、『唐令拾遺』戸令二六条には、士農工商の四民規定がある(『唐令拾遺補』も参照)。

諸そ文武を習学する者を士と為し、耕桑に肆力《しりょく》する者を農と為し、巧作貿易する者を工と為し、屠沽《とこ》興販《こうはん》する者を商と為す。工商とは皆、家にその業を専らにし、以て利益を求むる者を謂ふ、その織紝、組紃の類は非なり。

現存する養老戸令にはこれに対応する条文は存在しないが、『令集解』古記によれば大宝令には同様な四民規定が設けられていたことがわかる。養老令において日本の実情に合わず削除されたと考えられている。さらに唐令には、官人本人やその親族が工商を家業とする場合は出仕できないと規定がある(『唐令拾遺』選挙令一七条)。しかし養老選叙令に対応する条文はなく削除された。唐と異なり、古代日本では「工」=技術者は官僚制にくみこまれている。

日本には才伎長上《さいぎのちょうじょう》・別勅長上《べっちょくのちょうじょう》という技術官人制とでもいうべき特殊な官人制がある。典《てん》履《り》・典革《てんかく》・挑文師《あやとりのし》・画師《えし》など、早川庄八氏によれば大宝令では官員令には載せるが官位令に規定がなく官位相当を定めない手工業の技術官人であり、さらにそれ以外に令外の技術者を勅で官司に長上（常勤）させる制度で、彼らの指導のもとに品部《しなべ》・雑戸《ざっこ》制《せい》が組織された。選叙令11散位条に「それ別勅および伎術《ぎじゅつ》を以て、諸司の長上に直《じき》す者」は、考限や位階昇進を職事官と同じと定め、禄令3内舎人条にも「別勅才伎を以て諸司に長上する者」の禄を規定する。この技術者には母体に帰化人集団（百済戸部《てひと》〈百済戸を率いる〉・狛部《こまべ》など）があることが特色で、日本古代において技術が朝鮮半島から渡来した帰化人によって担われて、国家がそれをとりこんできた歴史がある。

養老戸令16没落外蕃条は、外国に没落した者が帰還した時と、外国人が帰化した時の奏上や、どこの戸籍に付すかなどの規定である。

凡そ外蕃《げばん》に没落《ぼつらく》して還ること得、及び化外《けがい》の人帰化せば、所在の国郡、衣粮《いろう》給ひ、状を具《つぶ》さにして飛駅《ひやく》を発して申奏《しんぞう》せよ。化外の人は、寛国に貫《かん》に附けて安置せよ。没落の人は旧貫に依れ、旧貫無くば任《ほしいまま》に近親《ごんしん》に貫に附せ。並びに粮を給ひて逓送《ていそう》し、前所に達せしめよ。

この内容は唐令（『唐令拾遺』戸令一九条）とほとんど同じである。しかし大宝令には文末に「もし才伎有らば、奏聞して勅を聴け」という注文があったことが本条古記から知られる。これは帰化人のなかに特殊な技術をもっている人がいたら天皇に奏上して勅の処分を待てという日本独自の規定である。古代日本において、さまざまな技術は、仏教や儒教・学術と同じく帰化人により伝えられ、彼らにより担われ重んじられてきた。

この注文は、養老令編纂にあたり削除された。日本律令国家は、唐と同じように帝国構造をとり、自身を中華とし、新羅・渤海などを諸蕃として従属させる構造を取った。したがって諸蕃の帰化を受け入れるのに彼らが優れた技術をもっているという規定は、律令国家の体面と矛盾するとして削除されたのだろう。しかし現実には工匠など技術については、帰化人の重要性があり、律令法のもつ帝国構造と矛盾が起きているのである。

『続日本紀』和銅元年(七〇八)九月に造平城京司の任命にあたり長官・次官についで大匠として坂上《さかのうえ》忌寸《いみき》忍熊《おしくま》がみえ、『日本書紀』白雉元年(六五〇)十月に難波宮造営にあたる将作大匠荒田《あらた》井直《いのあたい》比羅夫《ひらぶ》(倭漢直比羅夫とも)がみえるように、七世紀から八世紀にかけて知られる宮都造営の「大匠」はいずれも東漢(倭漢)氏の一族だったこと、彼らはおそらくさまざまな機会を捉えて朝鮮・中国から新しい技術や知識を習得していただろうことを岸俊男氏が指摘している。また「はじめに」で触れたように、天智朝に西日本から九州に朝鮮式山城を築いて、防衛にあたったのは、百済からの亡命貴族であった。

文化的背景――民族の移動と融合

いままで述べた古い帰化人とは、東漢氏、秦氏、西文氏などを指す。かれらはいずれも伝承では三世紀、実際には四～五世紀に朝鮮半島、具体的には伽耶地域（ヤマトノ「アヤ」は半島南部の地名アラ・アヤに由来する）から渡来した帰化人である。なお敏達朝に王辰爾《おうじんに》が東西の諸々の史が読めなかった高句麗からの外交文書を読み解いた話があり、その子孫は船史《ふねのふひと》・津史《つのふひと》・白猪《しらいの》史《ふひと》として史部となっている。実際には六世紀以降もおそらく百済から渡来し、たえず知識を更新しているのである。こうした帰化人のはたした役割は、朝鮮半島からの影響ではあるが、本書で論じている中国文化の影響とはいえないのではないという疑問もあるだろう。

東漢氏の祖阿知使主《あちのおみ》は後漢の霊帝の曽孫で、魏になるときに帯方郡へ遷ったといい、秦氏の祖先は秦の始皇帝の子孫弓月君《ゆづきのきみ》（融通王《ゆうずうおう》とも）、書直（西文氏）の始祖王仁は漢の高祖劉邦の子孫だという（『続日本紀』延暦四年〈七八五〉六月、『新撰姓氏録』）。「秦」氏、東「漢」氏という漢字からも、中国出身を主張しているようにみえるが、従来それは信頼できず、フィクションだと考えられてきた。

ところが前述した百済人貴族の祢軍の墓誌が発見され、「その先、華と同祖、永嘉の末に乱を避けて東に適《ゆ》く」と西晋末の永嘉年間に中国から移住したと記しているのに筆者は驚いた(別の同族の墓誌には「東漢の平原(今の山東省)の処士」とし隋末に百済に移ったと述べている)。朝鮮半島からの帰化人が、その祖先を中国と主張するのもまったくの虚構とはいえないのではないか。少なくとも自らが中国的文化をもっていることが、帰化人たちの特長だったのだろう。

堀敏一氏は、日本への帰化人(渡来人)の流入は、魏晋南北朝期の大規模な民族移動・流民の一環と考えるべきで、日本における帰化人の役割は、胡族政権下での流民知識人の政治的役割や、農民手工業者の生産技術提供と似た面があると指摘している。民族移動についていえば、五胡十六国といわれ、歴史を騒がせた中原に流入した異民族、胡族はどこへ消えてしまったのか。それはみな漢族になってしまったのである。こうした民族融合が、唐代より以前の東アジア世界の特色であり、宋代以降の征服王朝の時代(遼・金・元・清)と大きく異なっている。

漢民族代表のように思われている唐王朝も、王室は隴西李氏《ろうせいりし》を名のっているのだが、実は素姓はよくわからず、支配者集団は鮮卑族《せんぴぞく》の系譜を引いている。ある意味で漢族は拡大していったといえる。日本でも多くの帰化人が、律令国家のもとで融合され、文化を共有し、民族が形成されたのであり、それは東アジアに共通していたように思う。

関晃氏は名著『帰化人』において、六〇年以上前に、「帰化人は我々の祖先なのである」「彼らのした仕事は、日本人のためにした仕事ではなくて、日本人がしたことなのである」と述べている。この言葉をかみしめるべきであろう。なお帰化人は差別用語で日本中心だとして、「渡来人」を使うべきだとする主張があり、現在それが優勢であるかもしれない。たしかに「帰化」は王権や律令国家の論理であるが、しかし「帰化」に差別的な意味はなかったし、自らの意思で定住した人も多い。単なる移動を示す「渡来」では、彼らが日本に移住し日本人の重要な一部になったことを表現できないと思う。本書では関氏にならい「帰化人」を使った。

南朝系の知識と情報

学令6教授正業条には、教授すべき教科書(経書)の注釈書を定めている。

凡そ正業《しょうぎょう》教へ授けむことは、『周易』には鄭玄《じょうげん》・王弼《おうひつ》が注。『尚書』には孔安国《こうあんこく》・鄭玄が注。『毛詩』には鄭玄が注。『左伝』には服虔《ふくけん》・杜預《とよ》が注。『孝経』には孔安国・鄭玄が注。『論語』には鄭玄・何晏《かあん》が注。

これは唐令と同文であり、最新の唐の学問の規定を輸入したものである(『唐令拾遺』学令四条、ただし唐令ではこのあとに「『老子』には河上公《かじょうこう》注」とあるが日本では老子は継受しなかった)。『毛詩』を除くと注釈が二種類あげられているのが特徴である。これは唐が南朝と北朝を統一して成立したという性格のため、唐の学問には後漢の鄭玄に代表される北朝系の注釈と、もう一つ南朝系の注釈を規定しているのである。

日本上代漢文学研究の第一人者である小島憲之氏は、『令集解』から経書のどの注が読まれているかを、教授正業条の規定と比較して調べている。その結果として、たとえば『論語』『孝経』には学令に二つ規定されているうち、鄭玄注は用いられず、何晏の集解、孔安国の伝のみが用いられたことを明らかにした。また規定のない南朝梁の学者皇侃《おうがん》の義疏《ぎそ》（『礼記』・『論語』）も用いられたことを指摘し、奈良時代から平安時代初めにかけて北朝系の学問でなく南朝系の学問が流行していたと論じている。『令義解』によれば注は兼習するのではなく二つのうち一つを学べばよいとするので、問題は起きないだろうが、しかし実際の学問状況は、唐令の定める最新の学問あるいは理想とは異なっていた。それは帰化人を中心に担われていた律令制初期の学問・知識の状況が、百済系の、したがって百済が深い関係をもっていた中国南朝系の学問だったことによるのだろう。

こうした律令制成立期の状況は、東漢氏など帰化人が中心となったと想定される都城の造営からもうかがわれる。持統八年（六九四）に遷都された藤原京は、すぐのちの平城京が長安城を模倣しているのに対して、中央に宮城がおかれるプランなど、多くの差異がある。それについては『周礼』考工記にみえる理念を机上で実現したものとする説が有力であるが、佐川英治氏が述べるように南朝の建康城(現在の南京)のあり方が伝わったとするのがよいように思う。

養老職員令66左京職条には「坊令十二人」を規定し(右京も同じ)、戸令3置坊長条によれば四坊に令一人をおく。のちには条令ともよばれ一条に一人置かれるが、これは南北九条×東西八坊からなる平城京とは一致しないことから、藤原京の規定と考えられる。そこから一二条×八坊(東西に並んだ四坊ごとに坊令が置かれる)という南北に長い長方形のプランが想定され通説となっていた。

それに対して発掘成果などから、現在では大藤原京説、すなわち一〇条×一〇坊という正方形のプランが想定されている。その場合坊数は一〇〇になるが、そこから中心にある藤原宮域の四坊分を引くと九六坊になり、左右京職下に坊令が二四人であるので一致するという。大宝令の規定は藤原京と合致していると考えられることに注目したい。

ところが完成間近だった藤原京は放棄され、奈良盆地北部に平城京が造営され、和銅三年(七一〇)に遷都される。その理由は、長い中断をへて派遣され七〇四年に帰国した粟田真人などの大宝遣唐使が、唐の長安城について生の最新情報をもたらし、藤原京と長安城との大きな懸隔に気づいたことにあったとされる。そこで宮城を北に置く長安城を模倣した平城京が造営されたのである。つまり大宝令の都城プランは、最新の唐のそれではなく、一時代前のものだったということに注意すべきである。

文書行政と史部

このように律令国家の知識や技術のありようという点で、帰化人は大きく貢献し、影響も与えたのだが、そうした文化的な面だけでなく、実際には国家や政治のあり方にも影響を与えている。

雄略天皇が「ただ愛寵するところは、史部の身狭村主青《むさのすぐりあお》・檜隈民使博徳《ひのくまのたみのつかいはかとこ》等のみなり」(『日本書紀』雄略二年十月)と、寵愛したと特筆される史部の両名は、雄略八年及び十二年に「呉国」に派遣されたことが記録されている。雄略は、倭の五王の最後の武王にあたり、埼玉県稲荷山古墳鉄剣銘(四七一年)にみえる「ワカタケル大王」にあたると考えられる。「呉」は中国南朝をさすので、この二名は、実際に南朝の宋に派遣され、外交交渉に当たったと考えられ、『宋書』倭国伝にのせられる有名な昇明二年(四七八)の武王上表文の漢文作成に関わった可能性もある。身狭村主青・檜隈民使博徳とも、姓はもっとのちの時代に子孫に与えられたものが遡って記されているようで、「身狭(牟佐)」「檜隈」という飛鳥南部の地名を冠することからのちには東漢氏の配下に組み込まれたと考えられるが、「青」「博徳」の中国風な名前から渡来してまもなくの帰化人だったとされている。史部の成立自体はもっと後の時代だろうが、帰化人の史部が、朝廷で書記にあたり、天皇の側近として外交にも活躍したことを伝えている。このように側近として諮問をうけ知識を提供したことが、大学などでの活躍につながっていく。東西史部が「博士」となったという、先に触れた『令義解』の叙述はそうした側面をさしていて、大化の改新で高向史玄理が「国博士」となったのも（実はどのような職掌かよくわからない）、その延長で理解できるかもしれない。

一方で、彼ら帰化人は文字を扱い書記を仕事とした。「史部」（フヒト・フヒトベ）と呼ばれる帰化人氏族については、律令制のもとで、学術関係や外交使節だけでなく、内記や外記・史の太政官の事務部門、諸司の主典・史生など、さまざまな実務官僚に任じられていることが、加藤謙吉氏によって明らかにされている。

注意すべきは、律令官制の第四等官がフヒトと読まれることである。またサカンというもうひとつの読みも「史官」（の朝鮮語？）に由来すると考えられている。古くは三等官制が一般的だったとする東野治之説によれば、カミ・スケのもとに実務官人が置かれるが、それがフヒトであるとすれば、帰化人氏族の「史部」が当たったのだろう。つまりかつては上級豪族層のマヘツキミからでるカミ・スケと帰化人氏族出身の「史部」との組合せによってツカサが運営されたと考えられる。

とすると先に触れた律令制の文書行政の特色が理解できるのではないか。日本では文書行政といっても案巻処理は行なわれず、主典が文書を読み上げて、それを長官以下判官以上が口頭で決裁をした。つまりこれは、文書を直接扱って、文字を読むのは、主典だけであるということで、判官以上は口頭で聴くだけで、文書にさわらないのである。かつて文書を書き記し、読むことができたのが帰化人の史部であり、マヘツキミは読み上げをきいて、口頭で決裁していたというあり方があり、それが律令制では主典はもはや帰化人だけに限らなくなったのであるが、なお政務の方式は伝統として続いたように思われる(大隅清陽氏の教示をうけた)。

このように帰化人の存在なしでは、律令国家は理解できない。彼らが知識や技術を主に担っていたので、律令国家が参照した中国文化は、実際には最新の唐代のそれというよりも、少し古い南北朝期、主に南朝の文化だったのである。

第七章　吉備真備と「礼」

真備町の風景

岡山県総社市から西に福山市神辺へむかって走る井原鉄道に吉備真備駅がある。現在は倉敷市に合併されているが、平成の大合併以前は独立した真備《まび》町(吉備郡)であった。いうまでもなく、これは吉備真備の故郷であることからつけられた名前であり、古代史上の人物が、町名や駅名になっていることは他に聞かない。一昨年(二〇一八)七月の西日本豪雨で、小田川の氾濫により多くの犠牲者をだし、町が水没する衝撃的な映像によって、真備町の名は不幸にも日本中に知られることになった。

真備町には、まきび公園とまきび記念館だけでなく、江戸時代に岡田藩主伊東長貞により作られた真備公墳墓、真備公館址、産湯の井戸、琴弾の岩などの真備関係伝承地が散在する。根拠がないわけでなく、まきび公園の隣の吉備寺は、吉備氏の菩提寺と伝えられるだけでなく、古代遺跡の箭田《やた》廃寺《はいじ》の上に立ち、飛鳥時代の瓦などが出土している。また少し山よりに行ったところに、箭田大塚古墳がある。巨大な横穴式石室をもつ直径五四メートルの円墳で、六世紀後半の築造とされ、下道《しもつみち》氏(吉備氏)の本拠地だったことは間違いない。

一方でとなりの矢掛《やかげ》町(小田郡)にも、真備をまつる吉備大臣宮があり、一帯は吉備真備公園として整備され、真備の銅像も建てられている。近くから山道を少し入ったところに下道氏墓所がある。元禄十二年(一六九九)に和銅元年(七〇八)の銘のある銅製骨蔵器が発見され、銘文によって下道朝臣圀勝《くにかつ》(真備の父)と弟圀依《くにより》が母を火葬して納めたことがわかり、八世紀の下道氏の墓所とわかる稀有な古代遺跡である。こちらでも真備は顕彰されており、近代の漢詩人阿《あ》藤伯海《とうはっかい》(戦時中の一高教授、郷里は岡山県浅口市鴨方町)は、昭和四十年(一九六五)に真備を称える漢詩「右相吉備公館址作」を書き、吉備大臣宮に石碑が建てられている。

なぜこのように地元で尊敬されているのか。もちろん地方豪族の出身で学問の力で右大臣にまで昇ったことは、奈良時代には稀有な例なのであるが、何よりも遣唐使として唐から最新の文化をもたらしたことによるのだろう。囲碁を伝えたとか、天文学を日本に輸入したとか、カタカナを作ったなど、さまざまな伝承があり、中世には『吉備大臣入唐絵巻』も作られている。しかし中心は、阿藤伯海が真備をたたえる文章を亡くなる直前まで推敲を続けたことにみられるように、漢学者として中国で学び、漢籍を日本にもたらしたことだろう。

故右大臣は、往きて学びて盈《み》ちて帰る、風を播き道を弘《ひろ》め、遂に端揆《たんき》(宰相のこと)に登りて、式《もち》て皇猷《こうゆう》(天子の治世)を翼《たす》けり。

まきび公園の真備公顕彰碑には、右の二〇文字の漢文が刻まれ、唐で学問を充実させ、政治と文化に新しい風をもたらしたと述べる。これは『続日本紀』延暦三年(七八四)三月にのせる吉備泉《いずみ》の罪を赦《ゆる》す桓武天皇の勅書で、父真備の功績を称えた一節である。以下では伝説でない奈良時代の真備の貢献に迫ってみたい（近世の顕彰については大日方克己氏の論考を参照）。

典籍の将来——養老の遣唐使

吉備真備は、宝亀元年（七七〇）の致仕《ちし》を乞う上表にみえる年齢から、持統九年（六九五）に右衛士少尉下道朝臣圀勝の男として生まれたと考えられる。霊亀二年（七一六）八月に任命された遣唐使は、押使多治《たじ》比県守《ひのあがたもり》、大使阿倍安麻呂（大伴山守《やまもり》に代わる）、副使藤原馬養《うまかい》（宇合）というメンバーで、四艘、五五七人（『扶桑略記』）からなる。翌年出発し、開元五年（七一七、養老元）十月に玄宗に朝貢した。このとき真備は留学生に選ばれたのである。養老の遣唐使について、『旧唐書』日本伝に以下のように伝える（『唐会要』もほぼ同文）。

> 開元の初め、また遣使来朝す。よりて儒士に経を授けられんことを請ふ。四門助教趙玄黙に詔して鴻臚寺に就きて教へしむ。乃ち玄黙に闊幅布を遣りて、束修《そくしゅう》の礼となす。題して「白亀元年調布」と云ふ。人またその偽なるかを疑ふ。

ここで趙玄黙を師として束修の礼（入門の儀礼、白亀は霊亀の誤りか）を行ない、経典を学んだのは、真備なのだろう。四門博士は文武七品以上の子に教えるのを職掌とし、四門助教は博士を佐《たす》けて教授する従八品上の官だから、真備に教えるのにふさわしい。また同年十月には、鴻臚寺を通して、日本国使が「孔子廟堂を謁し、寺観を礼拝するを請ひ」許可され、さらに「州県・金吾をして相知り、簡較し搦捉せしめ、示すに整応を以てし、市買を作すべし」とある（『冊府元亀』巻九七四）。孔子廟や寺院・道観は長安城内のそれを指すようにも思えるが、東野治之氏は州県に使節の統制を命じていることから、地方、曲阜《きょくふ》（山東省、孔子の生地）の孔子廟を指すのではないかと推測する。

天平七年（七三五）三月に、天平の遣唐使（天平五年出発）の大使多治比広成《たじひのひろなり》が帰還して拝朝した。その一月後の『続日本紀』四月辛亥《しんがい》条に帰国した「入唐留学生従八位下下道朝臣真備」がさまざまな文物を朝廷に献上したことを記す。その内容をあげよう。

①（礼典）『唐礼』一百卅巻

②（暦）『太衍暦経《たいえんれきけい》』一巻、『太衍暦立成《りゅうせい》』十二巻、測影鉄尺一枚（日影測定用の尺）

③（音楽）銅律管一部（音階調律用の管、一オクターブ一二音のセット）、鉄如方響写律管声十二条（方響のような形の音階調律器）、『楽書要録《がくしょようろく》』十巻

④（武器類）絃纏漆角弓一張（弦を巻いて漆を塗った角弓）、馬上飲水漆角弓一張（馬上飲水は図柄か）、露面漆四節角弓一張、射甲箭《よろいをいるや》廿隻（甲を射貫く矢）、平射箭《ひらいのや》十隻（儀式用か）

なお『扶桑略記』には、これ以外に「種々の書跡・要物など、具《つぶさ》に載せる能《あた》はず」と記し、後述のように持ち帰った書籍はこれにとどまらない。このように書籍などの伝来を記すのは『続日本紀』のなかではきわめて異例であり、その重要性を示している。中心は①の礼典であるが、君子のたしなみの六藝(礼・楽・射・御・書・数)に対応し、④の武器類は騎馬(御)用のものであり、礼のなかには軍礼も含まれる。

『太衍暦経』は、唐僧の一行《いちぎょう》の撰した優れた暦法で、七二九年(開元十七)に行用されたばかりの最新のものである。「立成」とは解説書であり、将来した鉄尺とあわせ実際に日本で施行することをめざしたのだろう。『楽書要録』は、則天武后勅撰の音楽理論書で、音階調律用具とあわせて最新の唐の音楽を伝えたのである。ちなみに『楽書要録』は中国では散佚したが、日本には一部だが伝わっている。

①の『唐礼』とは、皇帝の勅命で編纂された唐朝の国家儀礼の書である。礼とは『周礼』『礼記』などの儒教の古典に基づく社会規範であるが、これは具体的に吉礼《きちれい》・賓礼《ひんれい》・軍礼《ぐんれい》・嘉《か》礼《れい》・凶礼《きょうれい》に分けて、皇帝以下臣下のさまざまな朝廷の儀式を規定する、一種の法典である。唐代には『貞観礼』、『顕慶礼』(永徽礼とも)、『大唐開元礼』の三書があるが、これは巻数から顕慶三年(六五八)に施行された『顕慶礼』一三〇巻と考えられる。なお『大唐開元礼』一五〇巻

は開元二十年（七三二）に完成し、もっとも大規模で整ったものであるが、施行直後で最新の法典のためか持ち帰れなかったらしい。日本には『顕慶礼』だけでなく『開元礼』も伝わり（『日本国見在書目録』〈九世紀末に藤原佐世《すけよ》により作られた漢籍の目録〉）、平安時代には参照されている。のちに真備が再度入唐した際に持ち帰ったと考えられる。

体系的な収集と修学――「礼」と「歴史」

養老の遣唐使は、東野氏が指摘するように、典籍将来を大きな目的としたらしい。同行の玄昉は後述のように最新の一切経五千余巻を持ち帰った。吉備真備は儒教を中心とする一般典籍が担当で、儒教の礼について体系的に書籍を収集したのである。『楽書要録』など音楽も礼の重要な要素であった。『旧唐書』日本伝に「得るところの錫賚《しらい》、尽く文籍を市《か》ひ、海に泛《うか》んで還る」と賜いものですべて書籍を買ったと記すのは、単なる漢文の修辞ではないのだろう。

さらに、この時一緒に入唐した遣唐請益生《しょうやくしょう》（短期留学生）として、大和長岡《やまとのながおか》（小東人《こあずまひと》）がいる（『続日本紀』神護景雲三年〈七六九〉十月卒伝）。帰国して養老律令撰定に参加した著名な法律家であり、大宝令の注釈書「古記」の著者にあてる説がある。唐の地で律令の研究を行ない、法律関係書籍の収集もしたのだろう。神護景雲三年には吉備真備とともに「刪定律令廿四条」を編纂している（二人の死後延暦十年〈七九一〉にようやく施行された）。

真備の漢籍収集は、のちに日本に流布した漢籍の祖本は真備が将来したという伝説が生まれるほど、画期的な出来事であった。またただ書籍を持ち帰っただけでなく、器物とあわせて、具体的に儀式を実現しようとした。天平二十年（七四八）に孔子など先聖・先師をまつる儒教の祭祀である釈奠《せきてん》の服器と儀式を改定している。「これより先、大学の釈奠、その儀、備はらずだったが、真備が「礼典に依り稽へ、器物始めて修」まった（『続日本紀』宝亀六年〈七七五〉十月真備薨伝）。実際に孔子廟を参観したことは大きかっただろう。

『扶桑略記』には、真備が留学一九年の間に伝え学んだ所として、「三史五経、名刑算術、陰陽暦道、天文漏刻、漢音書道、秘術雑占、一十三道。それ受くる所の業、衆藝《しゅうげい》に渉り窮む」ときわめて広範囲の分野をあげている。このなかで最も重要なのは最初の「三史」であろう。日本の学令には、古典の歴史書の規定がないが、『史記』『漢書』『東観漢記《とうかんかんき》』を伝えた。普通に「三史」というと『史記』『漢書』『後漢書』であるが、唐初以前には『後漢書』ではなく『東観漢記』をもってした。

『日本国見在書目録』正史家に、「東観漢記百四十三巻」について、「吉備大臣将来する所なり」としたあと「その目録に注して云はく」として、二本あり、一本は一二七巻で集賢院見在書（書目か）とあうが、一本は一四一巻であわず、真備は唐国で色々と探し求めたが完本を得ることはできなかった、と真備の収集の苦労を記している。ここで比べている集賢院とは、玄宗が七二五年（開元十三）に集仙殿麗正書院を改めて設置したもので、厖大な書籍を所蔵する宮廷書庫である。そこにおかれた集賢院学士は、「古今の経籍を刊輯し、以て邦国の大典を弁明す」ることを職掌にした。真備がその蔵書目録をみることができたのは、師である趙玄黙が、四門博士として集賢院直学士となったためであろう。

ここから真備がこの時に「三史」を将来したと考えられる。『二中歴』巻一一、三史には、「吉備大臣三史櫃」に『史記』『漢書』『東観漢記』が入っていたと記す。『二中歴』は鎌倉時代初期の事典だが、平安時代後期の状況を伝えていると考えられ、「三史の櫃」は記念碑的なものとして伝えられたのだろう。『史記』などは、それ以前にまったく日本に伝来していなかったとも思えないが、真備による舶載が本邦初伝だったとする説もある。

真備薨伝によれば、帰朝後正六位下を授けられ、大学助《だいがくのすけ》となり、「高野《たかの》（孝謙）天皇、これを師として礼記と漢書とを受《う》く」とある（阿倍内親王の東宮学士《とうぐうがくし》となったのちのことか）。真備の学問の中心が、『礼記』などの礼と、『漢書』に代表される歴史であったことがわかる。またこの時に七世紀中葉に成立した李善注『文選』六〇巻を将来したとする説もある。古代学制における文章科、さらに紀伝道、文章道の発展につながっていくのである。

「礼」による文明化

真備が将来した「礼」とは何か。日本では律令制という言葉を使うが、中国史ではあまり使わない。そもそも中国において、律令はその国制すべてを覆う法ではなかったからである。「礼」という家を基礎におく儒教的社会規範が、むしろ国制の基本的な部分を規定していたので、皇帝もまた儒教的な「礼」の秩序のなかにいたのである。皇帝の支配がおよぶところが「化《け》」であり、その外を「化外《けがい》」というが、その「化」の実体の一つが「礼」であろう。

律令は、「礼」の秩序を基礎に発達した法で、律は、皇帝の形成し維持する「礼」の秩序を侵害する者に対する処罰法として生まれ、令は、そうした「礼」の秩序を維持するための教化法として発達したとされる。律の冒頭には「十悪」（日本では「八虐」）という特別な重罪として、国家への反逆罪である「謀反《むへん》」「謀叛《むほん》」とならんで、儒教道徳を前提にする尊属を殺害する「悪逆」、父母を訴えののしる「不孝」などの罪をあげている。したがって、中国では「礼」が基本にあり、律令は国制の一部を規定していたに過ぎないといえる。

律のなかでも戸婚律は、戸口と婚姻についての規定で、中国の「礼」にもとづく家族・婚姻のあり方をもとにしている。そして日本戸婚律も、ほぼ唐律の規定を受け継いでいる。しかし日本の古代は社会構造も違っていて、氏族制が強く残り、家族のあり方も異なるので、「礼」の秩序を受容する素地もない。戸婚律のなかには、実際には機能していない、空文規定も多いのである。

したがって日本は、「礼」は受容せず、原則として律令を「礼」から切り離し、それだけを国家を統治する技術として輸入したといえる。まったく発展段階が異なる古代の日本が、高度な文明を発展させた唐の律令を全面的に受容することが可能になった背景として、吉田孝氏が、中国の律令は、中国固有の民族的・伝統的色彩の濃い社会規範である「礼」とは別個のものとして存在し、主として公法的な規定でそもそも純粋な統治技術という側面があり、また王権のあり方を直接には規定しない、それらが日本が律令を取り入れることを可能にしたのだとしている。日本律令は、必要最小限の礼制(服紀による親等など)を新たに条文とし、律令だけで機能できるようにしたのである。

しかし日本でも律令の基礎にある「礼」を取り入れようとする動きが、八世紀中葉になると出てくる。その大きなきっかけとなったのが吉備真備の帰朝である。大隅清陽氏や筆者が論じてきたところだが、天平年間から九世紀中葉にかけて礼制を中心とする中国国制が継受されてくることは、ある意味で古代日本の文明化であり、律令国家のあらたな段階といえるだろう。それまで神話的・氏族制的なイデオロギーに依拠していた天皇制が、儒教や礼制によって根拠づけられるようになった。平安時代にはじまる格式法の編纂は、礼制継受という意味ももつので、律令制継受の第二段階といえるだろう。

天皇の衣服にみる「礼」受容

ここで「礼」の一例として、天皇の衣服を取り上げてみる。大宝令を制定した段階では、皇太子以下臣下は礼服といって、中国的な正装を着ることを定めたが、日本の天皇には固有の服装があり、中国的服を着ることは想定されていなかった。ところが聖武天皇が中国的な服をはじめて着たのである。『続日本紀』によれば、天平四年(七三二)の元日朝賀に「始めて冕服《べんぷく》を服す」とみえる。冕とは、冕冠という平らな板を載せて前後に玉を貫いた旒《りゅう》を垂らした中国の皇帝がかぶる冠である。これは真備帰国以前であり、具体的にどんなものだったか、本当に中国的なものだったかはよくわからない。ただし聖武天皇は、早くから仏教だけでなく、儒教の力も借りて、従来の天皇像からの脱却をめざしていたらしい。

後述する正倉院文書が残された写経事業では、仏典に混じって一般の典籍も書写が行なわれている。天平二十年（七四八）六月に書写のために書物を請求した「写章疏目録《しょうそ》」に『古今冠冕図』一巻がみえる（『大日本古文書』三）。これは、新羅に留学した僧審祥《しんじょう》の所蔵典籍の目録と考えられるが、おそらく歴代の中国皇帝が使用した礼服用の冕冠の図で、日本に冕冠がどのようなものかは伝わっていた。

具体的に天皇がどのような服を着たかを考えられるのは、天平勝宝四年（七五二）四月に行なわれた東大寺大仏開眼会である。律令国家で最重要の儀式の元日朝賀と同じとされ、五位以上は礼服を着したと『続日本紀』は記す。このとき孝謙天皇がどのような服を着ていたかが問題である。さらに、大仏造営は仏教に傾倒した聖武の宿願だったから、聖武太上天皇と光明皇后も臨席していた。この時の三人の礼冠と聖武と光明の礼服は、ほかの大仏開眼会の関係の品々と一緒に正倉院に奉納された。その礼冠は破損して現在は残闕《ざんけつ》となっているが、精緻な金具やたくさんの真珠やガラス玉が伝わる。さらに冠の箱やそのなかで冠を安置する冠架《かんむりかけ》も伝わっていて（図11参照）、本来の形を伝える目録の文書もあり、孝謙天皇の礼冠は平らな板を載せて玉を貫いた旒を垂らした冕冠だったと考えられる。

一方孝謙の着ていた服については、正倉院には納められなかった。しかし平安時代の『西宮記』巻一九天皇即位には、中国的な皇帝礼服（袞冕十二章）と別に、女帝御服は「白き御衣《おんぞ》」であるとされていて、実際に内蔵寮に保管されていた(即位式の前に礼服御覧といって礼服を確認する儀式が行なわれた)。しかし平安時代には女帝はいなかったので、古代最後の女帝である孝謙の服そのもの、またはそれが先例だと考えられる。したがって中国的な服ではなく伝統的な白の帛衣を着ていたと考えられる。

大仏開眼会に際して、孝謙女帝は、中国的な冕冠をかぶりながら、神事用の白色の服を着ているというアンバランスな光景だった。女帝だからシャーマン的な伝統があるので例外と考える余地があるが、この時の聖武の礼服も、ある時まで正倉院に伝わっていて、白色の服だったらしい。冠だけ中国的礼服を取り入れ、なお伝統的な服を着ていて、いわば未開と文明が同居していた。この光景は、天皇がヤマト政権以来の天皇霊を保ちながら、律令の枠を超えて唐の皇帝をめざしつつある天平勝宝年間の過渡的な様相を示している。

図11 冠架

唐の皇帝の服は、袞衣《こんい》といって、龍の縫取りと日・月・七星など十二の文様(十二章)を表した赤い服であるが、やがて日本の天皇もこの服を着るようになる。弘仁十一年(八二〇)二月になって、天皇の服は、元日朝賀と

図12　孝明天皇の礼服

即位式には袞冕十二章という袞衣と冕冠、それ以外の大きな政務には黄《こう》櫨《ろ》染《ぜん》の衣《ころも》、大小の神事および十二月荷前には白の帛衣という使い分けが定められる。ここにいたって天皇は中国的な礼服を即位と朝賀という律令国家最大の儀式において着用し、天皇の正装が定まるのである。唐の衣服令2条に規定された「袞冕」を、大宝・養老令編纂時には規定できなかったが、約一〇〇年遅れてようやく受容することができたと評価することができる。

玄昉の仏典将来

吉備真備と同時に入唐し、帰朝したのが、留学僧の玄昉である。『続日本紀』天平十八年（七四六）六月の没伝をあげよう。

玄昉、俗姓は阿刀《あと》氏。霊亀二年、入唐、学問す。唐の天子、昉を尊び三品に准《なぞら》へて紫の袈《け》裟《さ》を着せしむ。天平七年大使多治比真人広成に随ひて還《かえ》帰る。経論五千余巻および諸仏像を齎《もた》らし来たれり。皇朝もまた紫の袈裟を施し着す。

玄昉は仏教経典の収集を任され、経典五千巻余りを将来した（『元亨釈書』には太政官に献上したとある）。長安崇福寺の沙門智昇により開元十八年（七三〇）に完成された最新の経典目録である『開元釈教録』を入手し、それにより経典を揃えたことが特色である。

光明皇后が亡き父母のために発願した「五月一日経」（天平十二年五月一日付の願文がある）と称される一切経写経事業は、玄昉帰国の翌年、天平八年（七三六）九月二十九日に皇后宮職管下の写経所で、玄昉のもとにある『開元釈教録』が最初にあげる経典二〇五巻を借用して開始される（『大日本古文書』七）。『開元釈教録』巻一九、二〇にのせる一切経目録の入蔵経五〇四八巻を目標としてはじめられ、底本には玄昉将来の経典が用いられたと考えられる。写経事業はさらに同十五年五月からは『開元釈教録』にのせられない章疏《しょうそ》も対象にひろげ天平勝宝年間まで続けられ、書写された巻数は七〇〇〇巻に及んだ。玄昉の帰朝と経典の将来は、天平年間の写経事業に大きな意味をもっていた。

玄昉の将来経典を分析した山本幸男氏は、玄昉が将来した入蔵経は全体の半数くらいで、従来考えられていたような入蔵経すべてを持ち帰る意図はそもそも持ち合わせていなかったとする。経典の選定に当たっては、自らの依拠する法相宗の立場を尊重し、遣唐使船の大きさを考えて大部の経典は原則として除き、小乗よりも大乗の経・論を優先していること、唐で盛んになっていた秘密部（密教）の経典を集めたことなどを明らかにしている。

興福寺僧の玄昉は、在唐中、濮陽大師智周《ちしゅう》について学んだとされる。法相宗は慈恩大師窺基《きき》が『成唯識論《じょうゆいしきろん》』を基礎に一宗として成立させたもので、智周は法相宗の第三祖にあたる。鎌倉時代に記された日本仏教史である『三国仏法伝通縁起』では、玄昉を日本への法相宗第四伝と称えているし、現在興福寺国宝館に展示されている「法相宗系図」には玄昉は大きな位置を占めている。南都焼き打ちのあと康慶《こうけい》（運慶《うんけい》の父）により鎌倉初期に造像された興福寺南円堂の法相宗六祖坐像には玄昉像があり（国宝）、興福寺で現在までまつられているのである。

玄昉は、帰国後天平九年（七三七）に僧正に昇り、さらに同十二月には聖武の母皇太夫人藤原宮子が「幽憂《ゆうゆう》」に沈んでいたところ、玄昉の看病により快癒し、生誕以来はじめて母子の対面ができたことにより、天皇の寵愛を受けた。しかし出る杭はうたれる。天平十二年八月に「大宰少弐従五位下藤原朝臣広嗣《ひろつぐ》、表《ひょう》を上《たてまつ》りて、時政の得失を指《しめ》し、天地の災異を陳《の》ぶ。因りて僧正玄昉法師と右衛士督従五位上下道朝臣真備を除くをもちて言《こと》とす」（『続日本紀』）とし、九月に兵を興した、いわゆる藤原広嗣の乱である。聖武の寵臣の成り上がった玄昉と真備を「朝庭乱す人」として、その排除を要求して乱を起こした。これをうけて聖武は東国への行幸に出発するが、十一月には広嗣は斬られて叛乱は終わった。しかし玄昉は、結局天平十七年に筑紫の観世音寺に左遷され、与えられた封戸も没収され、翌年に死去する。前掲の没伝には「栄寵《えいちょう》日に盛にして、やや沙門《しゃもん》の行ひを乖《そむ》けり。時の人これを悪《にく》めり」と非難されている。このように政権に深く関わり失脚したこともあり、後世のイメージが悪いが、実は上に述べたように日本仏教史に大きな貢献をしたのである。

ふたたび入唐

吉備真備は、広嗣の批判にもかかわらず、天平十三年（七四一）に阿倍内親王の東宮学士となり、さらに春宮大夫もかね、十八年には吉備朝臣を賜姓されて順調に出世を続け、二十年には釈奠儀礼の整備もした。しかし孝謙即位後の天平勝宝二年（七五〇）正月に、突如筑前守、ついで肥前守へと左遷された。史書は理由を伝えないが、権力を掌握しつつあった藤原仲麻呂に遠ざけられたようである。この年九月に、遣唐使の派遣が決まり、大使に従四位下参議藤原清河、副使に従五位下大伴古麻呂《こまろ》が任命された。ところが翌三年十一月になって突如として真備が遣唐副使に追加任命された。真備は左遷されていたとはいえ従四位上で、清河より位階が高い。そもそも藤原氏で参議が大使となるのははじめてのことで、古麻呂も真備も入唐経験者という異例なものであった。それだけ任務の重大さが推測されるが、次章で述べる鑑真招聘の実現のほかに、真備には阿倍仲麻呂の帰国、さらに唐の文人を招請する任務があったと東野治之氏が推測している。蕭穎士に「倭国使」が渡来を要請し、しかも皇帝に正式に願い出たが、結局招きは拒否された(『新唐書』巻二〇二ほか)。ただしこれは新羅が招請したとする解釈もある。

真備は今回きわめて厚遇をうけた。『続日本紀』の真備薨伝によれば、

霊亀二年、年廿二にて使に従ひて唐に入り、留学して業を受く。経史を研覧して、衆藝を該渉《がいしょう》す。我が朝の学生にして名を唐国に播《ほどこ》す者は、唯大臣と朝衡《ちょうこう》との二人のみ。

とあるように、日本からの留学生としては真備と阿倍仲麻呂(朝衡)が双璧で、唐に名を残したと称えられていて、有名人だった。『東大寺要録』が引く『延暦僧録』「勝宝感神聖武皇帝菩薩伝」によれば、玄宗は朝衡(阿倍仲麻呂)に勅命して、日本使を案内させて府庫の一切を見せることを許した。三教殿をひらき、君主教殿・老君之教堂・釈典殿宇という皇帝のために儒教・道教・仏教の経典をおさめた殿宇を見学させた。真備にとっては垂涎のもてなしだっただろう。

さらに大使・副使の肖像を描かせ、清河に特進（正二品）などの高位高官を与え、さらに玄宗自身「日本使を送る」という御製の五言律詩を送った。『延暦僧録』はこの遣唐使により鑑真とともに来朝した思託が延暦七年（七八八）に撰述したもので、史実を伝えているのだろう。なおこの玄宗御製は、中国では伝わらなかったため、清康熙帝の命で唐詩を網羅した『全唐詩』に漏れていて、江戸時代の市川世寧が編んだ『全唐詩逸』の冒頭に収録されている。

この厚遇は、阿倍仲麻呂がお膳立てしたのだろう。仲麻呂は、真備と同じ養老の遣唐使の留学生だが、きわめて優秀で太学《たいがく》に入学が許され、科挙に合格して唐朝の官僚になり玄宗皇帝の信頼が厚く、それまで帰国が許されなかった。清河らが長安にいた天宝十二載（七五三）には五三歳、秘書監（秘書省長官、邦国の経籍図書を取り扱う）兼衛尉卿（衛尉寺長官、器械文物を扱い、武庫を統轄）、従三品の高級官僚であった。今回は玄宗の帰国の許しがでて、帰国の途につく。

天の原ふりさけみれば春日なるみかさの山に出でし月かも　（『古今和歌集』巻9、四〇六）

この有名な和歌は、この出発を待つ天宝十二歳十一月十五日満月の夜に蘇州黄泗浦で詠まれたと考えられる（『古今集』左注は明州とする）。しかし仲麻呂が乗った第一船は遭難してしまう。命はとりとめ、清河とともに唐に再入朝するが、帰国することは遂に叶わなかったのである。

真備は、今回の在唐は短かったのだが、玄宗の許可と仲麻呂の協力があり、みたい書籍はみることができただろう。この時に『大唐開元礼』一五〇巻を持ち帰ることができたと考えられる。また『後漢書』を将来し、新たな「三史」となるのもこの時のことだろう。『後漢書』は高宗の男、章懐太子李賢によって注がつけられたことにより、唐において八世紀以降『東観漢記』の地位を奪って広まっていった。真備により唐にならった「三史」が揃えられ、『弘仁式』などでは『後漢書』は中経《ちゅうけい》と規定されたのである。

　この遣唐使の主要任務だった鑑真の招聘については章を改めて述べよう。真備は帰国してすぐに大宰大弐に任命された。新羅との関係悪化のなかで、進められたのが怡土城《いとじょう》（福岡県糸島市）の造営で、天平勝宝八歳（七五六）六月に真備の専当ではじめられた（神護景雲二年〈七六八〉に完成）。これは真備が今度は中国で学んだ軍事知識を用いて立案したもので、七世紀末の朝鮮式山城とは異なる構造を持つ。新羅との戦いに備えたのである。さらに天平宝字八年（七六四）正月に造東大寺司長官として平城京に呼び戻され、直後に恵美押勝《えみのおしかつ》（藤原仲麻呂）の乱が起きると、「急に召されて内に入りて、軍務を参謀す」（『続日本紀』宝亀元年〈七七〇〉十月）と軍事の知識を用いて、乱の鎮圧に貢献した。

第八章　鑑真来日と唐風化の時代

唐招提寺の木彫像から

一昨年（二〇一八）四月から五月にかけて、東京国立博物館で「名作誕生――つながる日本美術」という特別展が開かれた。『国華』創刊一三〇年記念というので江戸時代の絵画が中心だろうと思いこみ、中国から招聘した先生を案内するということで出かけたのだが、古代史研究者として、とても大きな衝撃を受けた。展示室に入ると最初に唐招提寺の伝薬師《やくし》如来《にょらい》立像、伝衆宝王菩薩《しゅうほうおうぼさつ》立像の二体の奈良時代の木彫像が美しく展示され、それが平安時代前期以降さかんになる一木造《いちぼくづくり》に大きな影響を与えたという内容だったからである。白鳳仏はブロンズ、天平仏といえば乾漆像や塑像であり、平安時代になると密教の影響のもと量感あふれる一木造の木の仏像が主流になるというイメージは多くの人が抱いているのではないだろうか。

唐招提寺には、伝獅子吼《ししく》菩薩、伝大自在王《だいじざいおう》菩薩など同様な木造仏も伝わり、かつて講堂に安置されていたのだが、現在は観光コースから外れた新宝蔵で保管され、春と秋だけ拝観できる。傷んだ奈良時代の木造仏が並んでいて、異様な雰囲気が感じられ、たしかに南都七大寺の一つ、大安寺に安置される楊柳《ようりゅう》観音・十一面観音などの重文木彫仏とも似ているのだが、それほど大きな意味があるとは思っていなかった。しかし美術史ではこれらは奈良後期彫刻の例として早くから注目されてきたのである。

図 13（右）　伝薬師如来立像
図 14（左）　伝衆宝王菩薩立像

　これらの仏像は重量感にあふれ下半身を長大に造り、天平仏の均整のとれた表現と異なり、盛唐後期（開元末〜天宝）に流行した様式である。唐では白玉（大理石）で仏像を造っていたが、鑑真に伴った工人が石の代わりに木（カヤの一木）で造ったのである。鑑真が六度目の計画で来日したのは天平勝宝五年（七五三）のことだが、『唐《とう》大和上東征伝《だいわじょうとうせいでん》』によれば第二次渡航計画では仏像制作を含む多くの工人を伴ったといい、渡来の時も同様だったとすれば、鑑真とともに渡来した工人によって造られた可能性がある。

　美術史家は、これらの木彫像には表現に優劣があることから、半ばを来朝工人が、あとの半ばを日本人が担当した、両者の共同作業を推定している。一連の木彫像として持国天・増長天の二天像があり、これは国宝の講堂に本尊の弥勒如来坐像(鎌倉時代)の左右に侍立していて、常時拝観できる。現在増長天の説明板には「大陸的な厳しい顔つきをあらわし、充実した肉取り、整った体勢にすぐれている。中国の盛唐後半期(八世紀前半)の石彫に通じるものがあり、鑑真来朝時に同行した仏工の作とみる見解がある」とあり、持国天には「動きが穏やかなのは、日本の仏工の手になると考えられている」と、そこまでいえるか心配になるほどの踏み込んだ記述がされている。

新宝蔵の木彫像は腕などが失われ、伝来の菩薩名はさまざまで本来の像名が不明だが、伝衆宝王菩薩立像は、一面三目六臂であることから不空羂索観音像《ふくうけんじゃくかんのん》と考えられる。遣唐大使の藤原清河家が寄進したという羂索堂《けんさくどう》の本尊だった可能性が高く、いずれも唐招提寺創建期の仏像だと考えられる。平安時代には一木造の仏像が主流になるが、これらの木彫仏の技術と様式が継承され、中国工人の影響があったとすれば、鑑真と唐招提寺創建の古代美術史上の意義はきわめて大きかったことがうかがえる。なお大安寺の木彫像は、早良親王が宝亀年間に造営にあたった塔院に安置されたと考えられ、唐招提寺の木彫仏と弘仁彫刻とをつなぐ位置にあるらしい(西本昌弘説)。

このようなことを調べ、考えていたところ、二〇一九年新指定の国宝に、唐招提寺の新宝蔵の上述の木彫如来・菩薩四体と講堂の持国天・増長天が(重要文化財を統合して)国宝に選定されたというニュースを聞いた。前者四体は欠損も多いのだが国宝に指定されたということは、以上のような歴史的意義を文化庁が認めたということなのだろう。

来日の実現まで

鑑真の来日が、奈良時代の日唐文化交流史における最大の事件であることはいうまでもない。『続日本紀』には、天平勝宝六年(七五四)正月壬子《じんし》条に、

入唐副使従四位上大伴宿禰古麻呂来たり帰る。唐僧鑑真・法進《ほうしん》ら八人随ひて帰朝す。

と天平勝宝四年出発の遣唐使第二船の帰国を伝えるなかで、鑑真の入京を伝えている。鑑真については、淡海三船《おうみのみふね》が記した『唐大和上東征伝』があり、それは一緒に来日した唐僧思託による「大和上鑑真伝」をもとにしているので、信頼度が高く、詳しくわかる。なお『東征伝』では唐人の僧一四人・尼三人が来日したと記す。以下、鑑真招聘の経緯と意義を東野治之氏の研究を参照しながらみておこう。

天平五年(七三三)に多治比広成《たじひのひろなり》を大使、中臣名代《なかとみのなしろ》を副使とする遣唐使が派遣され、興福寺僧の栄叡《ようえい》と普照《ふしょう》が留学僧として参加した。彼らは日本に戒律の師を招聘するという任務を課され

ていた。早速洛陽の大福先寺の高僧定賓《じょうひん》のもとで戒を受けるとともに、その門下の道璿《どうせん》に日本に渡ることを依頼した。道璿は、バラモン僧菩提僊那《ぼだいせんな》とともに、副使中臣名代の船で途中漂流を経ながらも天平八年（七三六）八月に入京拝朝し、東大寺大仏開眼供養の導師・開眼師などの主役となった。

しかし栄叡たちは、それに満足せずさらに戒師を探し求め、七四二年（天宝元）に揚州大明寺の鑑真を訪れ、渡日を依頼する。「仏法東流して、本国《わがくに》に至れり。その教へ有りといへども、人の伝授する無し。幸《のぞ》み願はくは、和上東遊して化《け》を興されんことを」（『続日本紀』天平宝字七年〈七六三〉五月鑑真卒伝）と。これに対して鑑真の弟子で日本に渡ろうと答える者がいない。そのとき鑑真が述べたのが、「これ法の為の事なり。何ぞ身命を惜しまんや。諸人行かざれば、我即ち去くのみ」。これを聞いて弟子たちも同行を願い出たのである。『唐大和上東征伝』の伝えるもっとも有名な場面である。

当時の日本の仏教界は、多くの僧尼が正式な受戒を経ておらず、『四分律』なども読み通せる人がいなかったようである。大宝の遣唐使で渡唐して養老二年（七一八）に帰国した道慈《どうじ》は、『愚志』一巻を記し、そこで「今日本の素緇《そし》（俗人と僧侶）の行ふ仏法の軌模を察《み》るに、全く大唐の道俗の伝ふる聖教《しょうぎょう》の法則に異なり」と批判し、偽りのやり方で仏法を修めてもどうにもならないと嘆いていた(『続日本紀』天平十六年〈七四四〉十月道慈卒伝)。戒師招聘の本当の立案者は道慈本人だったのではないかと東野氏は推測している。「博く経論《きょうろん》に渉り、尤も戒律に精《くわ》し。江淮《こうわい》の間に独り化主《けしゅ》となり(唯一の高僧である)」(鑑真卒伝)と称されていた、戒律の権威である鑑真に依頼したのである。

翌七四三年から鑑真は五回にわたり渡航を試みるが失敗し、六度目でようやく成功して渡日できた話は、有名であろう。とりわけ七四九年(天宝八)の第五回のそれは、悪天候で中国南端の海南島に漂着してしまい、艱難をきわめた。海南島から揚州へ戻る途中で、栄叡が病没し、鑑真自身は失明し、さらに鑑真の弟子の祥彦《しょうげん》も亡くなるという不幸が重なったのである。

実現したのは、日本から遣唐使がやって来たことによってだった。天平勝宝四年(七五二)三月に拝朝し、出発した天平勝宝の遣唐使は、先述のように大使藤原清河、副使に大伴古麻呂と吉備真備という重厚な布陣で、翌五年(天宝十二載、七五三)には大明宮含元殿における元日朝賀に参列し拝朝している。大使らは、長安辞去の前に玄宗皇帝に謁見したときに、鑑真以下弟子など六名の名前を挙げて公式に日本に招聘することを乞うたのである。だがこの時玄宗は道士も帯同することを求め、遣唐使側は日本に道教を受け入れられないため、鑑真の名前も取り下げてしまった。しかしその年十月、使節一行は帰路揚州に入り、そこであらためて鑑真に出国を要請し、一旦は大使清河が船に乗せたものの下ろしたのだが、副使大伴古麻呂が鑑真一行を自らの船に乗せたことによって、結局十二月に薩摩国の秋妻屋《あきめや》の浦についたのである。

なお大使の第一船は、同乗した阿倍仲麻呂とともに、唐に吹き戻されてしまい、清河自身は結局帰国することはかなわなかった。清河家は鑑真のために唐招提寺に前述の羂索堂を寄進したのだが、それは清河の無事の帰国を祈ってのことだろう。

唐風化としての天皇受戒

さて来日した鑑真は何を行なったか。天平勝宝六年(七五四)四月のこととして、『唐大和上東征伝』は以下のように記している。

初めて盧舎那《るしゃな》仏殿《ぶつでん》の前に戒壇を立つ。天皇初めて登壇し、菩薩戒を受く。次いで皇后・皇太子もまた登壇し戒を受く。尋いで沙弥澄(証)修ら四百四十余人のために戒を授く。また旧大僧霊福・志忠(中略)ら八十余僧、旧戒を捨て重ねて和上授くる所の戒を受く。後に大仏殿の西に、別に戒壇院を作る。

大仏の前に戒壇を作り、聖武天皇(実際は太上天皇)、光明皇后、阿倍皇太子(実際は孝謙天皇)がまず鑑真から菩薩戒(『梵網経《ぼんもうきょう》』にもとづく大乗戒で、在家でも受戒できる)を受け、続いて沙弥四四〇人あまりが戒を受けて僧となった。

さらに霊福・志忠などすでに受戒していた人々が鑑真から受戒したとある。しかし思託が記した『延暦僧録』（『日本高僧伝要文抄』）には、戒律について説明がなされたとき、志忠や霊福が、自誓によって具足戒を体得できることは『占察経《せんざつきょう》』にも書いてあり、三師七証という授戒は必要ないと反発したこと、それに対して普照が、『瑜伽論』を引いて、諸戒は自誓受戒が許されているといっても、それは本当の僧になるときのことではない、それでは僧侶の世界の軌範がなくなってしまうではないかと答え、それによって皆が従ったことを記している。東野氏は、『東征伝』の記述とは異なって、大仏前での授戒のときには彼らは反発し、翌年（七五五）十月に戒壇院が完成し、実際にはそこで志忠らは旧戒を捨て新たに鑑真による具足戒を受けたのだろうと推測している。

聖武以下がまず菩薩戒を受けたことについては、上川通夫氏が隋の文帝が法経より菩薩戒を受け「菩薩戒弟子皇帝」と、煬帝は智顗《ちぎ》から菩薩戒を授けられ「菩薩戒弟子皇帝総持」と称したことを指摘し、このような仏教との結びつきを理念的先蹤として、『梵網経』にもとづき天皇を大乗仏教の最高実践者に位置づけたと考えている。

さらに河上麻由子氏は、唐代の則天武后が菩薩戒を受けたことに注目し、孝謙女帝の権威を強化する政治史的意味を強調している。武后即位のとき『大雲経《だいうんきょう》』の注釈書を作成し、現世で菩薩戒を受持する則天武后は菩薩であり、百姓を教化し、善神の加護を受けて皇帝にふさわしいとして、仏教に即位の正統性を求めたので、それを模倣したとする。また武后受戒の戒師となったのは南山律宗の法脈につらなる弘景《こうけい》だが、まさに鑑真が長安で具足戒を受けたときの授戒の師であった。それゆえ天皇の戒師として鑑真が招聘されたのではと述べる。

戒師の招聘は、孝謙のためというよりも、聖武の宿願であり、律令国家仏教にとっても不可欠なものだったから、あまり孝謙女帝個人の正統化を強調するのはいかがかと思うが、聖武太上天皇以下の受戒が、隋唐の皇帝を模範とした一種の唐風化であったことは間違いないだろう。

具足戒を授ける

何より重要なのは、三師七証という十師による具足戒を僧侶に授けたことである。鑑真自身は二一歳の七〇八年(景龍二)三月に、長安実際寺の戒壇において弘景律師を和上として具足戒をうけた。和上に羯磨師《こんまし》(戒を授けるとの文言を唱える)の儀律師《ぎりつし》、教授師《きょうじゅし》(受戒者に問題ないかを確認する)の道岸律師とあわせて三師、さらに七証といわれる受戒を証明する証師(実際には九名の僧)という一〇名の僧の立ち会いの下で行なわれた。

こうした十師が揃った具足戒を日本にもたらしたのである。さきに藤原清河が玄宗に鑑真を含む六名の僧侶の渡日を求めたのも、授戒の有資格者を一〇名確保することが至上命題だったからだと考えられる。鑑真到着後、吉備真備が伝えた口詔(天皇は孝謙だが、聖武のミコトノリであろう)は、

大徳和上、遠く滄波《そうは》を渉り、この国に来たり投ず。誠に朕が意に副へり。喜慰《きい》たとふるなし。朕この東大寺を造るに、十余年を経たり。戒壇を立て、戒律を伝受せんと欲す。この心有りしより、日夜忘れず。今諸大徳遠く来たり戒を伝へらる。冥《ふか》く朕が心に契へり。今より以後、授戒・伝律のことは、一に和上に任せん。

とあり、鑑真に授戒と伝律を一任している(『東征伝』)。いかに鑑真による授戒を待ち望んでいたかがわかる。こうして戒を四四〇名に授け(蓑輪顕量氏は在家・沙弥をふくむ菩薩戒だったとする)、さらに東大寺の戒壇院において霊福・志忠などすでに受戒していた八十余名が鑑真から三師七証による具足戒を受戒して、正式な僧侶が誕生したのであった。

東大寺の戒壇院にどのような戒壇が作られたのかは、東野治之氏が、鑑真が戒壇図を将来して模範とした、南山大師道宣《どうせん》の築いた長安浄業寺の戒壇のあり方を手がかりに考えている。三重の壇の上に多宝塔が設けられ、そこに釈迦・多宝の二仏が安置される。戒壇には仏舎利が安

置され、塔に擬せられたと推定する（あるいは鑑真が将来した金銅阿育王塔《あいくおう》に仏舎利が安置された可能性がある）。それは授戒には元来は釈迦の前で戒を守るように誓わせる意味があったからだとする。

鑑真は渡日にあたって「如来舎利三千粒」を将来し、二千粒は朝廷に献上したが、残りは唐招提寺に伝わり、「招提舎利」と呼ばれ、空海将来の「東寺舎利」とともに我が国の舎利信仰の中心となった。現在も仏舎利を納める高さ一〇センチに満たないフラスコ形の白瑠璃舎利壺（国宝）が伝来する。唐時代制作のガラス器とみられ、鑑真将来品という寺伝に合致している。鑑真は多くの舎利によって弟子たちを含め広範な授戒をめざしていたのであり、授戒した人に仏舎利を与えるためだったとする説もある。

経典、戒律の将来

鑑真は、経典、戒律を伝えた。『東征伝』が記す鑑真将来の経典は、以下のようである。

1　大方広仏華厳経・大仏名経・大品（般若）経・大集経・涅槃経
2　四分律、道宣の著作、法礪《ほうれい》・光統・定賓・懐素などによる四分律の注釈
3　天台止観法門・（法華）玄義《げんぎ》・（法華）文句《もんぐ》・次第禅門・六妙門ほか

1の経典群については、これ以前に写経所で写経されたことがわかり、すでに日本に存在していたもので、鑑真自らが必要な経典を持ってきたということだろう。だが仏教界に役にたたなかったのではなく、大平聡氏が述べるように鑑真の経典は内裏に進上され、「図書寮経」とよばれ、天平勝宝七歳頃からそれをもとに「五月一日経」の勘経《かんきょう》(校訂作業)がはじめられたのである。なお天平勝宝年間に唐から経典をもたらしたのは鑑真だけでなく、遣唐使も将来している。これは正倉院文書で「去る天平勝宝六年入唐廻使請来する所」とよばれている。未将来のまま欠本となっていた仏典テキストの収集もこの遣唐使の使命だったようで、組織的な経典入手が課題だったとも指摘されている。

2の『四分律』一部六〇巻は、鑑真に期待された伝律の中心である。律とは出家者の守るべき教団の規則を集めたもので、『四分律』は各地の部派のうち上座部系統の曇無徳部が伝持した律で、中国・日本で具足戒を定めた根本経典として重要視された。

聖語蔵《しょうごぞう》は、正倉院宝庫の東南にある校倉で(もとは東大寺尊勝院の経蔵)、多数の奈良時代写経および隋唐経を伝えている。『四分律』自体は、鑑真以前から日本に伝来しており、光明皇后御願五月一日経の一部として写経が多く伝存する。しかし「五月一日経」の『四分律』は重複・脱落を含み、題名や巻次にきわめて多くの修正がみられる。これを緻密に分析した杉本一樹氏によって、書写後から多くの校正がなされたが、最終的に鑑真将来の『四分律』によって校勘(白書)がなされたことが解明された。その結果、聖語蔵に伝存する唐経『四分律』の一六巻こそ、鑑真が将来した『四分律』そのものであると考えられるにいたった。端正な料紙と丁重な筆致で格調高い唐経である(二〇〇七年の正倉院展で二つの『四分律』が展覧された)。なお米田雄介氏によれば、同じく聖語蔵の唐経『成唯識論』巻四は、「顕慶四年」(六五九)の墨書があることから、玄奘が長安大慈恩寺において翻訳した『成唯識論』の原稿本と考えられ、道昭が帰国にあたり玄奘から与えられた経典(法相宗の根本経典である)も伝わっているらしい。

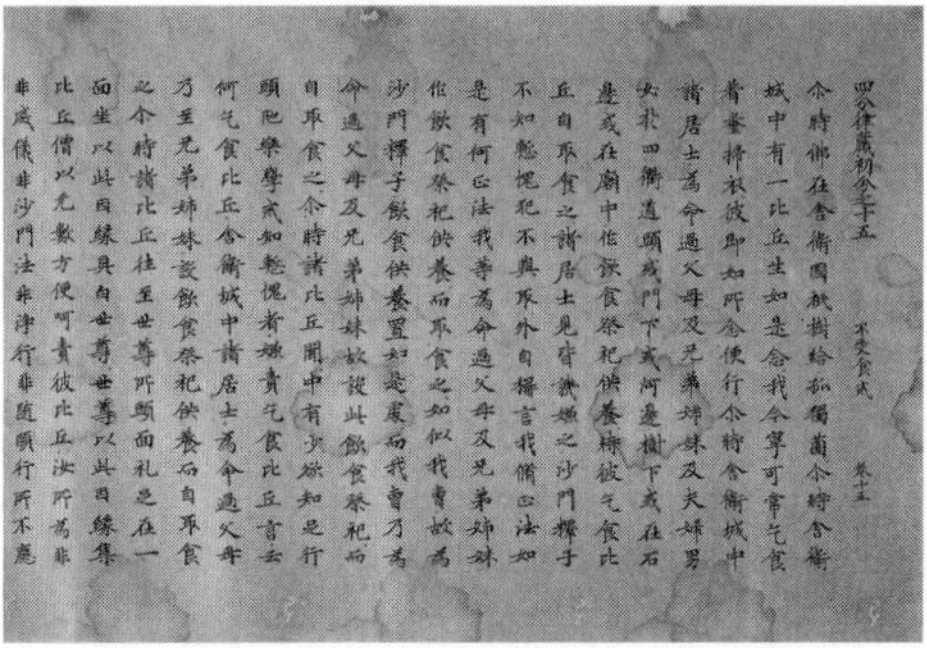
四分律藏初分之十五　不受食戒　巻十五
爾時佛在舍衛國祇樹給孤獨園爾時舍衛
城中有一比丘生如是念我今寧可常乞食
著糞掃衣彼即如所念便行爾時舍衛城中
諸居士為命過父母及兄弟姊妹及夫婦男
女於四衢道頭戶門下或河邊樹下或在石
邊或在廟中作飲食祭祀供養時彼乞食比
丘自取食之諸居士見皆譏嫌之沙門釋子
不知慚愧犯不與取外自稱言我修正法如
是有何正法我等為命過父母及兄弟姊妹
作飲食祭祀供養而取食之如似我等故為
沙門釋子飲食供養置如是處而我曹乃為
命過父母及兄弟姊妹故設此飲食祭祀而
自取食之爾時諸比丘聞中有少欲知足行
頭陀樂學戒知慚愧者嫌責乞食比丘言云
何乞食比丘舍衛城中諸居士為命過父母
乃至兄弟姊妹設飲食祭祀供養而自取食
之爾時諸比丘往至世尊所頭面禮足在一
面坐以此因緣具白世尊世尊以此因緣集
比丘僧以無數方便呵責彼比丘汝所為非
非威儀非沙門法非淨行非隨順行所不應

図15　『四分律』巻第15(唐経．巻首)

唐初の道宣は、終南山《しゅうなんざん》に住んで『四分律行事鈔《ぎょうじしょう》』などの戒律学の著作を記して南山律宗を開いた。鑑真はその孫弟子にあたる。道宣著『含注戒本《がんちゅうかいほん》』『行事鈔』『羯磨疏』を将来し、先に述べたように戒壇を設けるために『関中創立戒壇図経』も将来したのである。また律宗のなかで相部宗《そうぶしゅう》を開いた法礪や定賓などによる相部宗の注釈書も多く将来した。これらの多くは鑑真が初めてもたらしたのであるが、鑑真の弟子たちは、道宣の著作よりも法礪『四分律疏』や定賓『四分律疏飾宗義記』を東大寺や大安寺で講じたという。

鑑真自身は著作を残さず、日本での戒律教授の苦労についてはわからないのだが、鑑真に随って来日した弟子の法進《ほうしん》が『沙弥十戒《しゃみじっかい》ならびに威儀経疏《いぎきょうそ》』『梵網経註』を著している。前者は沙弥が守るべき十戒と日常守るべき振る舞いについて丁寧に説き起こしたもので、唐、西国、日本の違いをふまえて説明している。東野氏によれば、戒律と関係のないことまで、仏典にみえる風俗や唐のあり方をくわしく説いていることが特徴である。また後者は大乗菩薩戒を説く『梵網経』の注釈だが、たとえば禁じられている賭博(博戯《はくぎ》)についてきわめて詳しく説明をしている。法進は一般生活のレベルで唐のあり方を日本の僧侶に伝えようとしたのである。

東野氏は鑑真の学んだ分野を三つにまとめ、第一には道宣がはじめた戒律の学(南山宗)を究め、第二に同じ律でも法礪による相部宗、第三に隋代に智顗が大成した天台の教えを学んだとする。鑑真の師である弘景は、智顗の弟子である灌頂《かんじょう》につき、智顗が建立し『玄義』などを説いた荊州《けいしゅう》玉泉寺の僧で、天台の学統も受けていた。3は、『摩訶止観』をはじめとする天台三大部や三種止観など、天台大師智顗による著作であり、鑑真がはじめて体系的に日本に伝えたのである。また1の経典群は天台の根本、大乗仏教の中心となる経典であり、天台の教えが基礎にある。そしてこの天台教学を日本にもたらしたことこそ、その後の最澄以下の平安時代の仏教に大きな影響を与えたのであった。

仲麻呂政権の評価

鑑真が入京したのが天平勝宝六年(七五四)で、唐招提寺を建立したのが天平宝字三年(七五九)、同七年五月に七六歳で遷化《せんげ》したのだが、この期間はほぼ藤原仲麻呂の政権期にあたる。

聖武太上天皇は、鑑真から菩薩戒をうけた二年後の天平勝宝八歳に崩ずる。その翌年(七五七、天平宝字元年と改元される)に、仲麻呂は聖武遺詔により皇太子とされた道祖王《ふなど》を廃して、大炊王《おおい》(後の淳仁天皇)を立太子し、五月に聖武の一周忌をすませると次々と権力を固める政策を打ち出した。孝謙天皇は田村宮(仲麻呂邸)に移り、大納言仲麻呂を『周礼』を根拠としてあらたに紫微内相《しびないしょう》に任じ内外の諸兵事を掌らせ、大臣待遇とし、さらに外祖父不比等が作成した養老律令を施行した。翌六月には橘奈良麻呂《たちばなのならまろ》の変といわれる謀反の計画が発覚し、奈良麻呂をはじめとする反対派が粛清された。廃太子の道祖王、鑑真招聘の最大の功労者である大伴古麻呂も拷問で死んだ。右大臣の藤原豊成も大宰府に左遷され、翌年には淳仁が即位し、仲麻呂の権力に対抗できる者はいなくなったのである。

しかし天平宝字四年（七六〇）に光明皇太后が崩ずると、政権は動揺しはじめ、孝謙太上天皇と仲麻呂が擁する淳仁天皇との対立が深まっていく。鑑真遷化の翌年天平宝字八年に孝謙が先手を打って軍事行動にでて、仲麻呂は近江に逃げたが斬られ、淳仁は廃位され淡路に幽閉されたのである（恵美押勝の乱）。

仲麻呂政権は、このような専横と、乱を起こして滅ぼされたこともあって、印象がよくない。たとえば天平宝字二年八月に主要官名の変更（太政官→乾政《けんせい》官、紫微中台《しびちゅうだい》→坤宮《こんぐう》官、式部省→文部省、民部省→仁部《にんぶ》省、治部省→礼部《らいぶ》省など）を行ない、乾政官について「綱紀を惣《す》べ持ち、邦国を治むるを掌ること、天の徳を施し、万物を生育するがごとし」（『続日本紀』）と説明するように、中国的な天と地、徳などの概念に基づいた改名だった。しかし仲麻呂が滅ぼされると、すぐに重祚《ちょうそ》した孝謙の勅で、「逆人仲麻呂、政を執るとき、奏して官名を改む。旧《もと》に復すべし」（『続日本紀』天平宝字八年九月）と取り消され元に戻された。そのため中国かぶれの表面的なものだったと考えられることが多い。

天平宝字元年の養老律令の施行も、祖先顕彰つまり仲麻呂自身の権威づけのための演出と考えられることが多い。その二年後に、内外の官人の行状が悪いとして、「維城典訓《いじょうてんくん》」は、政を為すの規模を叙べ、身を修するの検括《けんかつ》を著《あらわ》す」、「律令格式は、当今の要務を録《しる》し、庶官の綱紀を具《そな》ふ」として、「仁義礼智信の善」を修め習い、五悪を戒め慎み、律令格式と『維城典訓』(則天武后が編纂させた教訓書)を読む人を官人に挙し、史生《ししょう》以上の任用条件とすることを勅している(『続日本紀』天平宝字三年六月)。これも仲麻呂による唐風化、儒教化政策として一時的な政策と考えられてきた。しかしこの勅は『弘仁格』に収められ、さらに『弘仁格抄』によれば式部格上の叙位任官に関する一群の格の冒頭に配列されているので、史生、四等官への任官に関する実効的な、しかも基本となる規定であったことが、傳田伊史氏によって解明された。『弘仁式部式』には、「諸司の史生を試み補す」として、

諸司の番上に、律令格式・維城典訓を読み、ならびに書算に工《たく》みなる者あれば、省その身を召して試みよ(中略)。丞《じょう》命せて、某篇を読ましめ、候する人唯称《いしょう》し、書を抜《ひら》きて読め。略ぼ綱例《こうれい》を問ひ、訖らば丞判《ことわ》りて命せよ。(以下略)

とあって、式部省がその大意を問う試験を行なっていた。平安時代前期には雑任を史生へ任用する場合にこうした試験が課されたのであり、律令を官人に浸透させたと評価できるだろう。

またここに「律令」でなく「律令格式」とあることも注目できる。この勅と同じ日に、中納言兼文部卿(式部卿のこと)石川年足《としたり》が、個々の禁令は編纂されているが、「別式」は制作されて

いないとして、「別式を作りて律令と並び行はむ」と奏上している。養老令は「別格」「別式」の編纂もめざし、格式を具備した本来の律令法の体系をめざしたとして、養老律令の施行は積極的な意味をもったというのが榎本淳一氏の説である。

新しい学制

『続日本紀』天平宝字元年(七五七)十一月に学術振興に関する勅がのっている。内容は、①諸国の博士・医師が多く才がないのに託請《たくせい》して任を得ている現状を批判し、学問・技術により任用する、②講ずべきテキストとして、経生《きょうしょう》は三経、伝生《でん》は三史、(医生・針生、省略)、天文生《てんもん》は天官書・漢晋天文志ほか、陰陽生《おんみょう》は周易・新撰陰陽書ほか、暦算生《りゃくさん》は、漢晋律暦志、大衍暦議・九章・六章・周髀《しゅばい》・定天論をあげ、その学習者を任用する、③任用後に恩師に給与一年分を謝礼として送る、というものであり、仲麻呂による政策と考えられる。

榎本氏によれば、紀伝生・天文生・陰陽生には、令制では教科書が規定されておらず、この勅によってはじめて公定された。算学を学ぶ学生の教科書は規定されていたが、この勅では暦学と算学をまとめて学習するように暦学生が設けられ、暦学教科書が追加された。明経生や医・針生では、教科書数が減らされ精選された。とくに令制になかった紀伝道の教科書に指定された「三史」とは、『史記』『漢書』『後漢書』を指すと考えられ、いずれも吉備真備が将来したものだが、後漢の歴史叙述として『東観漢記』にかわって入る唐代の李賢注『後漢書』は、前章でみたように、天平勝宝五年帰朝の真備再度の入唐によると考えられる。

天文生の漢晋天文志、暦算生の漢晋律暦志も、『漢書』『晋書』の志を指すが、『晋書』は七世紀中葉の撰定である。また明経生の「三経」は『周易正義』『尚書正義』『毛詩正義』と考えられ、唐太宗の命で孔穎達《くえいだつ》らが編纂した『五経正義』の一部である。天平宝字元年勅で指定される漢籍の多くは、奈良時代に遣唐使が将来した隋唐の新しい学術書であったとする。

しかもこの勅も、仲麻呂時代に限定される政策ではなく、『弘仁格』に収載されているので平安時代前期にも現行法として機能している（『類聚三代格』巻五）。また『延喜式』大学寮でも本勅の内容が反映された規定があり意味をもっていた（講経条）。ここにみえる唐代の書籍のなかには、真備が天平年間に持ち帰ったものもあるだろうが、それを規定、行用するのに時間がかかったのだろう。

仲麻呂政権による同様な文化的貢献として、大衍暦の施行もあげられる。真備が天平年間に将来した唐最新の暦だが、実施には慎重な準備がなされ、天平宝字七年（七六三）八月に施行し、翌年より用いられた。貞観四年（八六二）に晩唐の宣明暦《せんみょう》（長慶宣明暦）にかわるまで一〇〇年弱用いられたのである。

尊号から漢風諡号へ

天平宝字二年(七五八)八月一日、孝謙の譲位にあたり、百官と僧綱が上表した。「臣仲麻呂等言《もう》す」にはじまり、天皇(上台《じょうだい》)と皇太后(中台《ちゅうだい》)の徳をたたえ、

謹みて典策《てんさく》により敢へて尊号を上《たてまつ》る。伏して乞はくは、上台は「宝字称徳孝謙皇帝」と称《もう》し奉り、中台は「天平応真仁正《てんぴょうおうしんにんしょう》皇太后」と称し奉らむことを。上は天休《てんきゅう》に協《かな》ひて鴻名《こうめい》を万歳《ばんせい》に伝へ、下は人望に従ひて雅称《がしょう》を千秋《せんしゅう》に揚《あ》ぐ。至懇踊躍《しこんようやく》の甚しきに勝《た》へず。

さらに僧綱も同じく上表し、孝謙は報詔して、自らと皇太后の尊号を認めた(この時鑑真に「大和上」の号をあたえ、僧綱の任を解いた)。さらに八月九日には亡き聖武にも「勝宝感神《しょうほうかんしん》聖武皇帝」と尊号を追上した(以上『続日本紀』)。

尊号とは、狭義には存命中に皇帝の功徳・業績を称えて奉る称号であり、唐代に特徴的なものである。戸崎哲彦氏によれば、則天武后の「聖母神皇」(六八八年)が生前の尊号の最初であり、以後武后には「聖神皇帝」「慈氏越古金輪聖神皇帝」など尊号が繰り返し奉られ、さらに玄宗代には一層盛んになり、「開元神武皇帝」(七一三年)、「開元天宝聖文神武皇帝」(七四二年)などの

尊号を受け、「開元天地大宝聖文神武孝徳証道皇帝」(七五三年)の長大な尊号を受冊し、また天宝八載(七四九)と十三載(七五四)には諸先帝に尊号を追上した。上表文には、「典策」すなわち冊書で奉るとあり、「鴻名」などの唐代の尊号の別称も正しく用いている。また孝謙の尊号に「宝字」、聖武に「勝宝」と年号を冠することは、明らかに右の玄宗の尊号を模倣したものである。天平勝宝七年(七五五)に年号の「年」を「歳」と改めたが、これは玄宗が天宝三年(七四四)に「年」を「載」に改めたのを模倣したのであるように、唐の最新文化をいち早く導入したのである。

こうした尊号は、日本史上例をみず(天平宝字三年に淳仁が父舎人親王を「崇道尽敬《すどうじんきょう》皇帝」と追尊した例がある)、この時期だけの、仲麻呂政権の特殊事例であるので、一過性の中国かぶれのパフォーマンスともみえる。しかし聖武天皇、孝謙天皇といういわゆる漢風諡号《しごう》は、この時の「勝宝感神聖武皇帝」などの尊号によっていることは明らかである。さらにそれ以前の天皇の神武、仁徳、孝徳などの漢風諡号は、坂本太郎氏の考証によれば淡海三船によって天平宝字六年(七六二)から八年にかけて勅を奉じて一括撰進されたと考えられるが(「文武」のみ『懐風藻』にみえているので、古く定められたらしい)、その儒教的徳目による命名のあり方からも、尊号追上の延長線上にあることは明らかだろう。また天平宝字二年八月に、仲麻呂を大保《だいほう》(右大臣)に任ずるにあたり、姓に「恵美」を加え藤原恵美朝臣とし、名を押勝としているが、これもある意味の尊号であろう(これ以降恵美朝臣押勝とすべきだが、以下も藤原仲麻呂で叙述する)。

公式令23平出条では、唐令に「廟号」(太宗とか玄宗など)とあるのが日本では「天皇謚」となっている。これは山田英雄氏によれば、旧来の国風謚号を指していた。たとえば、天之真宗豊《あまのまむねとよ》祖父《おほぢ》天皇=文武、天璽国押開豊桜彦《あめしるしくにおしはらきとよさくらひこ》天皇=聖武などである。つまり律令制定時には、天皇を漢風に称することは想定されていなかったのである。

漢風謚号は、新たに唐文化を受容し、唐代の尊号・謚号を日本化して、漢字二字に簡略化して摂取したものと評価でき、これが今日まで天皇名として通用しているのである。『日本書紀』成立時には、実は「推古」天皇も「神武」天皇も存在していなかったのである。一〇世紀以降の天皇名には、平安末から鎌倉はじめの崇徳・安徳・順徳の三例をのぞき、冷泉・一条・白河など御在所による、あるいは醍醐・村上など山陵の所在による追号(称美の意を含まない)が用いられるが、九世紀には光仁・桓武・仁明・文徳・光孝など儒教的徳目を示す漢風謚号が死後に奉られた。天皇制の一段階を示しているといえる。

また皇帝の実名を避ける避諱《ひき》は、中国では周知の制度であるが、名代《なしろ》・子代《こしろ》が逆に名前をつけて後世に伝えようとすることからも、日本には元来存在しない慣行だった。しかし天平勝宝九歳（天平宝字元、七五七）五月に、天皇・皇后の名前を避けることを定め、聖武の諱「首」姓などを改めたらしい。勅書には藤原鎌足・不比等の名も避ける規定もあり、帰化人の「史」姓を改め、桑原史・大友史などに桑原直《あたい》を、船《ふね》史に船直を賜っている（『続日本紀』天平宝字二年六月）。仲麻呂の乱後、藤原氏の避諱は撤回されたらしいが、天皇・皇后の実名を姓名につけることの禁止は生き、「このごろ百姓の間、かつて礼を知らず」と礼の問題として避諱が制度化され、『弘仁格』（『類聚三代格』巻一七）に編入されている。天皇制にかかわる中国的礼の導入という側面をみてとることができるだろう。

平安時代には応天門の変で有名な大納言伴善男《とものよしお》のように、大伴氏は伴氏に改められるが、これは弘仁十四年（八二三）に即位した淳和天皇の諱（大伴親王）に触れるためだった。

年中行事のはじまり――親蚕・籍田と卯杖儀礼

仲麻呂が権力を強めるのは、天平勝宝八歳に聖武太上天皇が崩御したころからであるが、その七七忌《しちしちき》、六月二十一日に、光明皇后は天皇の冥福を祈って、その遺愛の品々を東大寺大仏に献納し（その目録が「国家珍宝帳」である）、ここに正倉院宝物がはじまる。正倉院に納められた品々は、ほぼこの時期にあたるのである。

図16（右）　子日目利箒

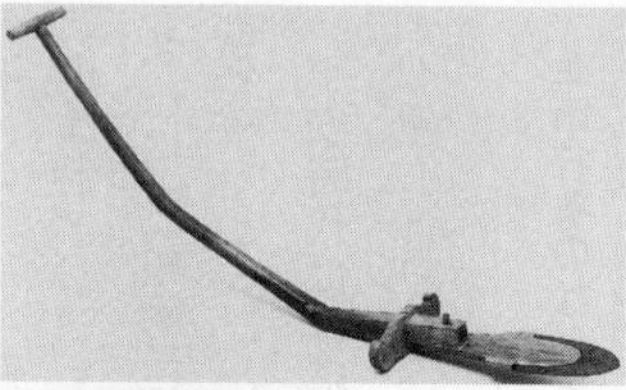

図17（上）　子日手辛鋤
（左）同銘文

正倉院宝物のなかに、子日目利箒《ねのひのめとぎぼうき》一対、子《ね》日手《ひのて》辛鋤《からすき》一対という、宝物というには地味な道具が伝わっている。前者に付属する机覆《つくえのおおい》には天平宝字二年正月の銘がある。『万葉集』によれば、この年正月三日、孝謙天皇は侍従・王臣などを招いて内裏東屋の垣下に侍らせ、「玉箒を賜ひ、肆宴《しえん》す」。内相藤原朝臣（仲麻呂）が勅をうけて、王卿は歌を作り詩を賦すようにと命じ、大伴家持《やかもち》（時に右中弁）が天皇の命令に応じて次の歌を詠んだ。

初春の初子の今日の玉箒《たまばはき》手にとるからに
ゆらく玉の緒　（巻20、四四九三）

コウヤボウキの茎を束ねてつくられた箒には、先端部にわずかに色ガラス玉が残っており、本来色とりどりのガラス玉がくくられていて、手に取るたびに揺れる美しい「玉箒」だったのである。同じ「天平宝字二年正月」の銘がある子日手辛鋤とあわせて、これは親蚕《しんさん》・籍田《せきでん》の儀式のためのものだった。

中国では『周礼』などの経典に、正月の吉日をえらび天子は籍田の儀(みずから田を耕し祖先をまつる)、三月の吉日に皇后は、親蚕の儀(蚕部屋を掃いて蚕神《さんしん》をまつる)を行なうと記される。天子みずから農耕・養蚕の範を示すわけで、漢代以降その例は多い。唐代にも、毎年ではないが、皇帝は宗廟や先農壇に詣でて祈り、東郊で籍田を行ない、皇后は北郊の先蚕壇で祭礼を行なっている。これにならって仲麻呂が中国風の儀式と宴会を行ない、儀式後にそのモニュメントとして東大寺に献納されたのだろう(女帝であったから、唐鋤で籍田をしたのは男の仲麻呂だとする推測もある)。

しかし平安時代以降このような儀式は行なわれず、籍田はこの時だけだったらしい(もし正倉院宝物がなかったら、籍田があったこと自体が知られなかった)。日本の天皇は、中国皇帝と異なり、みずから農耕をする存在ではなく、豊作を祈るにしても祭祀のあり方が違い、籍田は本質的に古代天皇制になじまなかったのだろう。なお現代の天皇・皇后は「お田植え・ご養蚕」を行なうが、これは明治になってはじめられたものである。平安時代には初子の日に「子日宴」「子日の遊」として郊外に出かけて、若菜をつみ、小松を引いて遊ぶ習慣となった。寛和元年(九八五)二月戊子《ぼし》に円融上皇が紫野において盛大な子日宴を開いたことが『小右記《しょうゆうき》』に記録さ

図18　三十足机

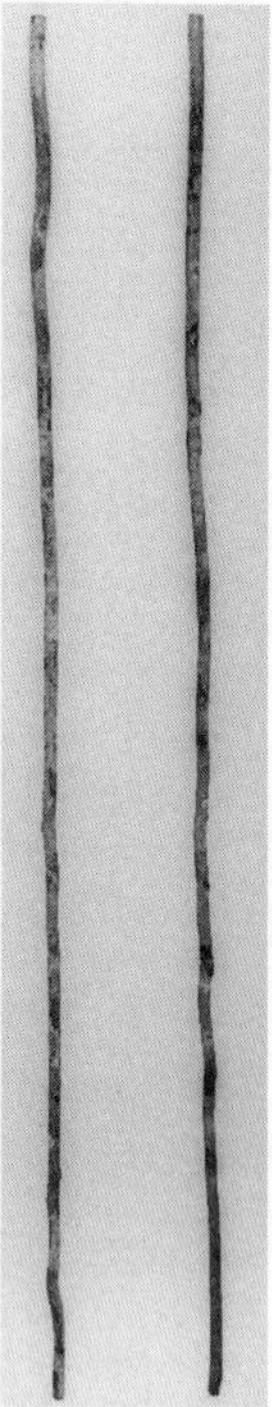

図19　椿杖

れている。

もう一つ正倉院宝物には、「卯日御杖机　天平宝字二年正月」の銘がある「三十足机」とそれと対の長さ一五〇センチ余りの細い「椿杖」二本がある。両側に各一五足をもつ高さ九〇センチ弱の檜の机、その上に褥をしき、羅の覆いをかけ、その上に金銀や緑青などで色を塗った椿の杖をおき、天皇に献上するのである。これは正月の初卯日に行なわれた卯杖《うづえ》である。中国では漢代の故事で、正月に桃の枝で剛卯杖を作って邪気を払うという行事があり、それを模したものである。

この時が初めてではなく、『日本書紀』持統三年(六八九)正月乙卯《いつぼう》条に「大学寮、杖八十枚を献る」とみえ、この時に日本で最初に行なわれたのだろう。奈良時代の正史『続日本紀』には記事が見えないが、これは年中行事を掲載しない編纂方針だったためで、奈良時代にも行なわれていたのである。この年の卯杖は、仲麻呂によるので、より中国色の濃い、画期的な儀式だった可能性があるが、平安時代初めの『内裏式』には「上卯日　御杖を献る式」があり、大舎人寮と左右兵衛府が杖を献上する儀礼が規定され、平安時代中期の『西宮記』にも「御卯杖」として献上の作法などを規定する。『枕草子』には「心地よげなるもの」として「卯杖の捧持」とみえている(新潮日本古典集成による)。仲麻呂が行なった卯杖儀礼は、籍田とは異なって、平安時代へと継承され、日本の年中行事として定着していったのである。

仲麻呂を滅ぼしたあと重祚した孝謙、つまり称徳天皇の政治は、道鏡による政権とされることもあり、西大寺造営や百万塔に象徴される仏教政治だと考えられることが多い。しかし渡辺晃宏氏は、決して仏教一辺倒だったのではなく、神祇も重視し、伊勢や宇佐八幡などの神々をその頂点である天皇のもとに位置づけて序列化しようとしたとする。さらに前政権から受け継いだものとして、儒教的な礼秩序をあげる。神護景雲二年(七六八)には、人々の名・字の称を礼典に従わせるとして、「真人」「朝臣」を名としたり、「仏・菩薩・聖賢(孔子・老子)」の名を改めさせたりしているが、仲麻呂時代の避諱政策の延長上にあるだろう。また神護景雲元年

（七六七）二月には称徳はみずから「大学に幸《みゆき》して釈奠したまふ」（『続日本紀』）。これは天皇が釈奠に参列した、つまり孔子をまつった唯一の例である。その背後には、右大臣となって政権をささえた吉備真備の存在があったと考えられる。

藤原仲麻呂による唐風化政策は、一時的で根づかなかったものもあるが、律令法の徹底や学制改革、天皇制の唐風化など、律令制展開の基礎となっていくものも多いのである。

おわりに

桓武天皇の郊祀

称徳天皇が宝亀元年(七七〇)に亡くなると、藤原百川《ももかわ》が永手《ながて》らとはかり、白壁王《しらかべおう》(天智の子の施基《しき》皇子の男)の立太子、即位(光仁天皇)を実現する。同時に他戸《おさべ》親王が皇太子とされたが、翌々年母井上《いのえ》皇后とともに廃され、宝亀四年に山部《やまべ》親王が皇太子に立てられる。天応元年(七八一)に即位して桓武天皇となり、平安遷都を行ない、平安時代をひらいた。桓武の母は和《やまとの》史《ふひとの》新笠《にいかさ》(のちに高野《たかの》朝臣新笠)で、百済系帰化人の出身であり、血統の上で劣っていたこともあり、従来の神話と血統による天皇の権威とは異なる権威づけを求めた。天武系から天智系に替わったこともあり新たな王朝を開いたという意識が強く、平城京を捨てて山背国の長岡そして平安京へ遷都したのも、そうした意識の表れだろう。桓武は、長岡遷都ののち、延暦四年(七八五)と同六年の冬至の日に、昊天上帝《こうてんじょうてい》(中国の天、天帝)を南方の円丘にまつる郊祀《こうし》を交野《かたの》で行なった。『続日本紀』延暦六年十一月甲寅《こういん》条にその祭文をのせる。

> 嗣《し》天子《てんし》臣《しん》(中略)敢へて昭《あきらか》に昊天上帝に告《もう》さしむ。(中略)方今、大明《たいめい》南至し、長晷《ちょうき》初めて昇る。敬《うやま》ひて燔祀《はんし》の義を采《と》り、祗《つつし》みて報徳の典《のり》を修む。謹みて玉帛《ぎょくはく》・犠斉《ぎせい》・粢盛《しせい》の庶品《しなじな》を以て、茲《こ》の禋燎《いんりょう》に備へ、祗みて潔誠《けっせい》を薦《すす》む。高紹《たかつがす》天皇の配神作主《はいしんさくしゅ》、尚《こいねがわ》くは饗《う》けたまへ。

これは『大唐郊祀録』に載せるのとほぼ同文であり、冬至の日に動物の犠牲をささげて火をたいて昊天上帝をまつったのである。北京の天壇公園が有名であるが、中国におけるもっとも重要な天を祀る皇帝祭祀を日本の天皇制に輸入したのである。

瀧川政次郎氏が早く指摘したように、桓武の即位は、天武系から天智系に替わる、中国的な天命思想に基づくある種の革命による新王朝の創始であると考え、中国的な皇帝像を追求していたことがわかるのである。しかも、祭文で唐では天とともに王朝の創始者(高祖・太祖)をまつるのだが、それに代えて「高紹天皇」(光仁天皇)をまつっていることは、光仁を始祖とする新王朝という意識を示している。

このちには、文徳天皇が斉衡三年(八五六)に同じ交野の柏原野で郊祀を行なったことがみえるだけで、天の祭祀は日本には定着しなかったのだが、桓武は、天帝に天皇支配の権威を求めたのである。

また中国での重要な祭祀として、皇帝の祖先をまつる宗廟があるが、伊勢神宮が天皇家の宗廟として位置づけられることを高取正男氏が指摘している。山部は立太子後、宝亀九年(七七八)十月に病気平癒を感謝するために自ら伊勢神宮に赴いている。皇太子の伊勢参宮は、この例と桓武即位後延暦十年(七九一)十月の安殿《あて》親王(平城天皇)の例しかないということは単純な参宮ではない。中国の皇太子が立太子の際に、高祖の廟を拝謁して天命を受け継ぐ「謁廟の礼」にならったものであり、天子の行なう「郊祀の礼」に対応している可能性が指摘されている。

図20　唐代の天壇(西安)

桓武の中国化と春秋学

桓武が中国的な皇帝像を追求した背景として、母が帰化人出身であることや、天智系として近江朝廷の大陸文化重視を復興したとする説があるが、それだけではなく山部王時代の律令官人としての体験を考えるべきだというのが、大隅清陽氏の意見である。『続日本紀』は書いていないが、天平神護二年(七六六)に山部は大学頭に任じられたと考えられる。この年に吉備真備は右大臣に昇り、翌神護景雲元年二月には称徳天皇は大学に行幸して釈奠が行なわれた。これは天皇が釈奠に参列した皇帝視学の唯一の例である。主導したのは真備であろうが、この時に大学頭として山部王が参加していたのである。さらにこの直後、真備の息子の吉備泉が大学員外助《だいがくいんがいのすけ》となっている。山部王は、釈奠の準備のために『開元礼』をはじめとする典籍の読解、中国的器物の製作などを行ない、真備の影響下で中国礼制の体系を学び、権力の正統化にとってもつ力を体感したのだろうとする。

光仁天皇が即位し、山部立太子の後、宝亀八年(七七七)に遣唐使が発遣される。前年に任命された大使は佐伯今毛人だったが、結局小野石根が大使代行になる。この遣唐使について、東野治之氏が詳しく検討している。この時請益生として伊予部家守という学者が参加していた。『日本紀略』延暦十九年十月の卒伝には、

外従五位下伊与部家守卒す。宝亀六年、兼ねて遣唐に補せられ、五経の大義并せて切韻《せついん》・説文《せつもん》の字体を習ふ。帰り来たるの日直講に任じ、尋いで助教に転ず。大臣奏して公羊《くよう》・穀梁《こくりょう》、三伝の義を講ぜしむ、と云々。(以下略)

と記される。『切韻』『説文』など漢字の辞書、とくに『切韻』で唐代の漢字音を学んだこと、および五経の一つ『春秋』について、従来注釈は左氏伝だけだったのに公羊伝・穀梁伝を学んで帰ってきたことに大きな意義があるとされている(省略部分には、釈奠での孔子の肖像の位置に

ついて議論があり、唐でのやり方によって儀式を改め南面としたことを述べる)。

延暦十七年(七九八)三月には公羊伝・穀梁伝を正式に大学寮のテキストとする勅許が出るにいたる。その官符には「上件の二経は、捨てて取らず。ここを以て古来学ぶ者、未だその業を習はず。しかるに去る宝亀七年を以て、遣唐使明経請益直講博士正六位上伊与部連家守、読して還り来たる。仍りて延暦三年を以て官に申し、始めて家守をして三伝を講受せしむ」(『令集解』学令所引)とあり、家守は左氏伝・公羊伝・穀梁伝の講義を延暦三年(七八四)に大学寮ではじめたことがわかる。

この『春秋』、とくに公羊伝をふまえた法令が延暦年間の『続日本紀』にみられるのである。延暦四年五月の詔書は「『春秋』の義、祖《おや》は子あるを以て貴しとす。これ則ち典経の垂範《すいはん》、古今の不易なり」ではじまるが、これは公羊伝の「子は母を以て貴く、母は子を以て貴し」を引用していて、それにより自らの母方の曽祖父紀諸人《きのもろひと》と夫人とに正一位太政大臣と太皇大夫人を贈ることを命じている。延暦九年十二月の詔でも「『春秋』の義、祖は子あるを以て貴しとす。これ則ち礼経の垂典、帝王の恒範《こうはん》なり」と同じ引用をして、外祖父母に正一位を追贈して、土師宿禰を大枝《おおえ》朝臣に改めている。さらに延暦十年三月には、

太政官奏して言はく、「謹んで『礼記』を案ずるに曰はく「天子の七廟《びょう》は、三昭《さんしょう》・三穆《さんぼく》と

太祖の廟にして七つ」。又曰はく「故きを舎《す》て新しきを諱《い》む」。注に曰はく「親尽くるの祖を舎て、新たに死ぬる者《ひと》を諱む」。今国忌《こき》稍《ようや》く多くして、親世《しんせ》もまた尽きたり。一日万機、行事多く滞れり。請《こ》はくは、親尽くるの忌は、一に省除《しょうじょ》に従はむ」。奏するに之を可とす。

として、国忌(天皇の命日で廃務)が多いとして、中国の天子七廟にならって整理するというものである。残ったのは、桓武の父母(光仁・高野新笠)、皇后藤原乙牟漏、祖父母(施基皇子・紀橡姫)、および天智と聖武の忌日と推測される。天武系に代わり、光仁にはじまる新たな皇統の権威づけをめざしたのだろう。ここではその根拠として『礼記』が引用されるが、実は後半の引用と注は『春秋左氏伝』桓公六年九月条に付された杜預注である。

『春秋』は孔子が編集したとされる歴史書で、事の是非を明らかにしたものとされる。特にその注釈書公羊伝はきわめて個性的で、歴史上の行為の正邪にこだわり、統治者の正統性を論ずることに力点をおいている。桓武天皇は、新たな皇統を正統化する支えとして、『春秋』、特に公羊伝を利用したのである。桓武朝の前夜に家守が『春秋』二伝を学んで帰ったのはけっして偶然ではなく、光仁朝に天皇周辺で新たな理論が模索され、遣唐使に学問の手薄だった部門、中国音の習得と『春秋』学の深化が大きな使命として課されていたのではないかと東野氏は考えている。

なお先述の延暦四年詔の末尾には、「臣子の礼は、必ず君の諱を避く」と述べ、先帝と自らの諱を避けさせ、白髪部《しらかみべ》を真髪部《まかみ》に、山部を山に改めさせている。これは仲麻呂政権以来の避諱政策が定着したものである。

弘仁年間の儀式整備

八世紀末から九世紀初めにかけて、さまざまな儀式のあり方、特にその中心である拝礼の仕方が変わっていくことを西本昌弘氏が明らかにしている。それまで跪礼《きれい》といって跪《ひざまず》いて膝と掌を地面につけて拝んでいたのが、立礼《りつれい》といって立ったままお辞儀をするかたちになっていく。

元日の拝礼は、儀制令に特に規定があるように、日本独自の重要性をもつことを大隅氏が明らかにしている。政治の場での習俗は、「まつりごと」といわれて祭政一致的性格を残す古代においては、同時に宗教的なものだった。拝む方式は、それまでは「四拝拍手」という、四回天皇を拝んではそのたびに拍手する、現在でも出雲大社など一部の神社で行なわれている方式だった。つまり天皇を神として拝む儀式だったといえるだろう。これを二回拝礼し(立ったままで)、袖を左右に振る「再拝舞踏」というあり方に改める。桓武の延暦十八年(七九九)の元日朝賀では、渤海からの使節が参列していたため、「四拝を減じて再拝と為す。手を拍たず」（『日本後紀』）とある。日本の土俗的な習俗は、外国人に見せるのが恥ずかしいと、中国的な再拝にしたのだろう。このあと九世紀はじめにかけて再拝が定着していく。もっとも四拝拍手は、大嘗祭などの神事ではその後も行なわれる。天皇の本質に関わる神祭りの場面では、後述の服装と同じように、必要だったのである。しかし天皇と臣下との関係を確認する元日朝賀などの儀式で中国的な「礼」が取り入れられることは、天皇支配の宗教的あるいは神話的性格が薄まっていくことを示すのだろう。

嵯峨天皇の弘仁九年（八一八）三月に「詔して曰はく、云々。それ朝会の礼及び常に服する所の者、また卑、貴に逢ひて跪く等、男女を論ぜず、改めて唐法に依れ」（『日本紀略』）とある。菅原清公の薨伝（『続日本後紀』承和九年〈八四二〉十月）にも同じ弘仁九年に、

九年詔書有り。天下の儀式、男女の衣服、皆な唐法に依れ。五位以上の位記、改めて漢様に従ふ。諸宮殿院堂門閣、皆な新額を着し、また百官の舞踏を肆《なら》ふ。

とあるように、儀式や衣服の唐風化が宣せられ、あわせて平安宮の殿舎や諸門の名称を改め、新しい額がつけられた。平城宮の殿舎の名称は不明だが、紫《し》宸殿《しんでん》・仁寿殿などの中国的名称はこの時つけられたと考えられる。さらに宮を囲む大垣に開かれた門の名称は、平城宮までは佐

伯門・海犬養《あまいぬがい》門など、門号氏族と呼ばれる軍事関係氏族の名前がついていた。このときに元の門名に発音が近く美しい漢字による藻壁《そうへき》門・安嘉《あんか》門となる。南の中心にあたる門は最大の軍事氏族大伴氏にちなみ大伴門だったが、このときに応天《おうてん》門に変わる。宮城十二門の門号改正は、大和朝廷以来の氏族制原理の衰退を象徴しているだろう。

嵯峨天皇の勅命で編纂され、弘仁十二年(八二一)に藤原冬嗣らが条定した『内裏式』三巻では、唐風の儀礼が規定され、任大臣儀など唐制を利用しながら作られた儀式もある。弘仁九年の儀式の唐法への改定を受けて、元日の「元正受群臣朝賀式」をはじめ節会などの儀式を唐礼をモデルに整備したのであり、唐礼の体系的継受ととらえることができる。

天皇制の唐風化と『貞観格』

即位式は朝賀と同じ儀式であるから、『内裏式』段階では完全に中国的儀式となっている。つまりこのころ従来即位式において行なわれていた、忌部氏による鏡剣奉上が廃止され、中臣氏による天神寿詞は大嘗祭に移されている。また延暦二十五年(大同元、八〇六)の平城天皇、大同四年(八〇九)の嵯峨天皇の時には、前帝の譲位あるいは崩御をうけてすぐに剣璽《けんじ》(王位のシンボル)渡御《とぎょ》の儀が行なわれ(これを践祚という)、践祚と即位が分離する。即位宣命も、桓武天皇以降は定型化し、「天智のはじめ定めた法」だけが皇位継承の根拠とされ、奈良時代のように高天原にはじまる天孫降臨神話に言及されることはなくなる。平安時代に、群臣による天皇即位の承認が不要になって天皇位が安定したことを示すが、即位礼の唐風化は、神話的あるいは氏族制的なイデオロギーの後退に対応するのだろう。

弘仁十一年(八二〇)二月には詔で天皇・皇后などの礼服以下の着用を定める(『日本紀略』)。さらにこれは錫紵(喪服)規定と合わせ、以下のように『貞観格』に収められた。

御服の事

大小諸神及び季冬諸陵に奉幣するは、帛衣。即位及び元正朝賀を受くるは、衮冕十二章。朔日朝を受く、同政を聴く、蕃国使の表幷びに幣を受く、及び大小会は、黄櫨染衣(以下略、喪葬令の錫紵規定)。

皇后御服の事

助祭は、帛衣。元正朝を受くは、褘衣《きい》。大小の諸会は、鈿釵礼衣《でんさいのれいい》。

皇太子御服の事

祀及び正朔に従ふは、衮冕九章、元正群臣若しくは宮臣の賀を受く、及び大小の諸会は、黄丹衣。

本規定は、現在の『類聚三代格』には欠けているが、『小野宮年中行事』、『北山抄』巻四に『貞観臨時格』として記されている。帛衣・衮冕十二章・黄櫨染衣を規定し、律令制当初の天皇正装だった帛衣は、大小神事と荷前に用いると限定され（天皇の本質にかかわる）、朝賀と即位には中国的礼服「衮冕十二章」の着用が規定された。それは皇后でも同様で、助祭の服としては伝統的な帛衣であり、一方で元日受朝には中国での皇后服「褘衣」を導入して規定した。ようやく中国的な服制が――あるいは導入できなかった唐衣服令といってもよい――弘仁十一年の詔で制度化されたのであり、古代国家の天皇服制が完成されたのである。

さらにこの詔が九世紀後半清和天皇の時に『貞観格』として制度化されたことが注目される。日本における唐礼継受の完了あるいは日本的礼制の完成が、貞観の格式の意義といえるだろう。現存する『延喜式』には、大学寮式の釈奠式と雑式の諸国釈奠式があり、前者は『弘仁式』段階で定められ、後者は貞観二年（八六〇）十二月諸国に頒下されたもので『貞観式』で定められたと考えられるが、ともに『大唐開元礼』をほぼ丸写ししたといえるほど模倣したものである（『貞観格』は貞観十一年に施行され、『貞観式』は同十三年に施行された）。また貞観十四年以降作られた『貞観儀式』は、現在『儀式』という書名で伝わる一〇巻がそれと考えられ、吉例・嘉礼などの順にならい、『大唐開元礼』などの唐礼を模範として編纂されたのである。

また、『貞観臨時格』が編纂されたことに大きな意味がある。川尻秋生氏によれば、三代の格式のうち、官人の意識としては、『貞観格』編纂が画期であった。『貞観格』序に「格は律令の条流、政教の輗軏《げいげつ》(要具)、君と百姓と之を共にするものなり」(『日本三代実録』貞観十一年四月)とあるように、『貞観格』の特色として、天皇も臣下も拘束される法であることが挙げられる。はじめて天皇制を覆う法が登場したのだが、それが唐の『開元留司格』に準じて撰上された『貞観臨時格』二巻にあたる。礼の継受を背景に、臨時格において天皇とその周辺の制度化がなされたことが、歴史的に大きな意味をもつのだろう。

律令制の展開と「古典的国制」

律令国家の諸段階として、吉田孝氏は「天平年間の歴史的意義」を論じている。本書では詳しくふれなかったが、天平十五年(七四三)の墾田永年私財法と日唐の土地制度の詳細な分析を通じて、律令国家の土地政策がそれまで熟田のみを対象としていたのが、未墾地・墾田にまで対象を拡大し、律令国家の基盤が拡大したとする。従来は公地公民制崩壊の指標とされてきたが、律令制の原則に反しているのでなく、唐の官人永業田の制度に対応するとした。さらに地方財政の財源として、天平六年(七三四)にさまざまな用途の稲を吸収して国府の単独財源である正税が成立する。郡稲という郡司の地方豪族としての権力を支えた稲が正税のなかに吸収されたことは、国造以来の郡司の伝統的支配が、律令国家のなかに組み込まれていったことを示すなどとして、天平年間に律令制支配が展開したとした。

本書で述べてきたことからすれば、律令制を礼を含んだ広い意味での中国化ととらえれば、八世紀中葉だけでなく、九世紀のはじめまでを律令制の展開と考えることができるだろう。

吉田氏は、さらに九世紀に律令法のなかで青写真的に先取りされた古代国家の内実が実質的に形成され、安定的なレジームを生みだし、ヤマトの「古典的国制」が成立すると論ずる。八世紀中葉から九世紀はじめにかけての天皇制の唐風化は、一面で専制君主化への模索だったのだが、実際にはそうならなかった。たしかに九世紀には、天皇が「文人」官僚を抜擢することで、伝統的な畿内氏族の枠組みを打ち破ったが、結局は菅原道真の失脚が象徴するように、藤原北家を中心とする貴族社会が成立する。天皇は核ではあるが、摂政・関白や大臣(のちには院、将軍)が権力を代行する安定した体制が成立するのである。

筆者は、安定した古典的国制というのは、十世紀になって中国文化の受容も一段落して、貴族社会が成熟した摂関期のほうがふさわしいと思っているが、なぜ貴族社会が成立したかは難しい問題である。一つの理由として、唐の礼を受容して作られた宮廷儀式などの規範が、それまでの神話の力にとって代わっていったとき、天皇の制度化が進み、人格的役割が縮小し、もはや幼帝でもよくなると考えられる。そのとき儀礼が貴族の役割を大きくし、その方向を積極的に推し進めたのが藤原氏であり、公卿といわれる上級貴族だったように思われる。

唐文化の意義

弘仁から貞観の国制に触れたところで本書の叙述は閉じることになる。もちろん平安時代には、九世紀を通じて最澄・空海・円仁・円珍と中国仏教の輸入はつづき、中世になれば禅僧を中心に南宋・元などとの交流は盛んである。平安時代の漢文学において、白居易の人気はきわめて高く、日本文化の歴史はいつも中国文化の輸入だったといっても誤りではない。しかしそのなかで唐の影響はきわめて大きい。後の時代に、中国のことを時には東南アジアも含めて、「唐物」「唐ゆきさん」など「唐」と記すことにも現れている。

古典的公家文化の中心として、内裏正殿の南殿・紫宸殿を考えてみたい。その母屋と北庇の間の襖障子を賢聖障子《けんじょうのしょうじ》という。天皇が南殿に出御するときの背景となる絵なのだが、そこには三二人の賢人・聖人が描かれている。それは日本の臣下ではなく、中国の殷代から唐代にいたる臣下で、それぞれの上部の色紙形に漢文の賛が加えられている。内裏空間において表側、つまりハレの側に和風でなく漢風がおかれるのは一般的な通例といえる。ここで注目されるのは、そこに描かれるのが、周代の太公望、漢代の董仲舒《とうちゅうじょ》、後漢の鄭玄、三国志の諸葛孔明などの有名人にはじまり、唐代前半の功臣で終わっていることである。

別に述べたので参照していただくとして（『道長と宮廷社会』）、簡単に触れると、唐太宗が貞観年中に凌煙閣《りょうえんかく》に描かせた二十四功臣像が有名であり、その例にならった可能性があるが、それは全て唐代の功臣であるので、日本で独自に選ばれたものらしい。賢聖障子は、『古今著聞集』巻一一には「寛平の御時」すなわち宇多天皇の時にはじまったと伝えるが、唐代については、唐代の魏徴《ぎちょう》・杜《と》如晦《じょかい》・房玄齢《ぼうげんれい》・虞世南《ぐせいなん》・馬周・李勣という太宗の貞観の治（七世紀第二四半期）をささえた功臣だけが選ばれ、李勣のように高宗にも仕えたものもあるが、八世紀の玄宗のいわゆる開元の治の名臣がいないことが注意される。いずれも『貞観政要』に登場する政治家である（虞世南は書でも有名）。作られたのが唐滅亡前夜の九世紀末であるとして（かりに遡ってもせいぜい弘仁年間くらいだろう）、そのとき理想とされたのは七世紀前半の唐のあり方だったのであり、それが古典文化として江戸時代の紫宸殿さらに現在の京都御所までつづいているのである。

唐の後半以降の文化の影響が薄いという主張に対して、反論の根拠になるものに、『大宋屏

図21　『大宋屏風』

風』という六曲二隻の屏風がある。これは平安時代に天皇即位や斎宮発遣、祈年祭奉幣、四方拝などの場面で、清涼殿や紫宸殿において天皇在所に立てられた、もっとも威儀の高い屏風である。これは「だいそう」と読まれるので、五代十国のあとの北宋の屏風だと考えられることが多い。しかし家永三郎氏が『上代倭絵全史』で明快に論証しているように、村上天皇の即位を伝える『即位部類記』天慶九年(九四六)四月二十二日条で、天皇が即位の由を大神宮など諸社に告げる場面で在所の廻りに立てめぐらしたのが初見である(『大日本史料』第一編之八)。したがって北宋の成立(九六〇年)以前であるので北宋とするのは誤りであり、そこに「太宗屏風」とあることから、唐の太宗を指すのである。図21に見えるように描かれているのは打毬《だきゅう》(ポロ)であり、封演『封氏聞見記』巻六に太宗が打毬を好んだ故事が伝えられ、そこから太宗

屛風といったのが、やがて大宋と誤ったのだろう。天皇の周りにある中国文化は唐代の前半までの文化であり、唐の文化が日本の歴史に与えた影響は、おそらく決定的なものであったと思う。

江戸時代の小田野直武に「唐太宗花鳥山水図」という秋田蘭画が知られる(秋田県立近代美術館蔵)。数年前サントリー美術館で見たときに、なぜこのような題材が選ばれたのか不思議に思った。おそらく『貞観政要』の規範性が大きいのだろうが、唐代政治文化の影響は近世にまで及んでいるのである。

参考文献一覧

著者の関係する著書（個別論文は関係するところにあげた）
大津透『律令国家支配構造の研究』岩波書店、一九九三年
――『古代の天皇制』岩波書店、一九九九年
――『日唐律令制の財政構造』岩波書店、二〇〇六年
――『日本古代史を学ぶ』岩波書店、二〇〇九年
――『天皇の歴史01　神話から歴史へ』講談社、二〇一〇年（講談社学術文庫、二〇一七年）
――『律令制とはなにか』山川出版社、二〇一三年
大津透編『律令制研究入門』名著刊行会、二〇一一年
水林彪・大津透ほか編『新体系日本史2　法社会史』山川出版社、二〇〇一年

はじめに
狩野久「鬼ノ城はなぜ『日本書紀』に登場しないのか」総社市教育委員会編『鬼城山』岡山県総社市文化振興財団、二〇一一年
――「西日本の古代山城が語るもの」『岩波講座日本歴史月報』二一、二〇一五年
谷山雅彦『鬼ノ城　甦る吉備の古代山城』同成社、二〇一一年
山田英雄「もう一つの道制試論」『日本古代史攷』岩波書店、一九八七年、初出一九七六年

第一章
青木和夫「隋唐文化と日本」『白鳳・天平の時代』吉川弘文館、二〇〇三年、初出一九七六年

石母田正『日本の古代国家』岩波書店、一九七一年(岩波文庫、二〇一七年)
梅村喬「天皇の呼称」『講座・前近代の天皇』4、青木書店、一九九五年
河上麻由子「遣隋使と仏教」『古代アジア世界の対外交渉と仏教』山川出版社、二〇一一年、初出二〇〇八年
気賀沢保規編『遣隋使がみた風景　東アジアからの新視点』八木書店、二〇一二年
西郷信綱「スメラミコト考」『神話と国家』平凡社、一九七七年、初出一九七五年
坂上康俊「大宝律令制定前後における日中間の情報伝播」池田温・劉俊文編『日中文化交流史叢書2　法律制度』大修館書店、一九九七年
下出積與『日本古代の道教・陰陽道と神祇』吉川弘文館、一九九七年
東野治之『遣唐使』岩波新書、二〇〇七年
――「日出処・日本・ワークワーク」『遣唐使と正倉院』岩波書店、一九九二年、初出一九九一年
堀敏一『中国と古代東アジア世界』岩波書店、一九九三年
――「隋代東アジアの国際関係」「日本と隋・唐両王朝との間に交わされた国書」『東アジアのなかの古代日本』研文出版、一九九八年
三田覚之「天寿国繍帳の世界」奈良国立博物館編『糸のみほとけ』二〇一八年
吉田孝「『史記』秦始皇本紀と「天皇」号」『日本歴史』六四三、二〇〇一年
――『歴史のなかの天皇』岩波新書、二〇〇六年

第二章

青木和夫「浄御原令と古代官僚制」『日本律令国家論攷』岩波書店、一九九二年、初出一九五四年
浅野啓介「庚午年籍と五十戸制」『日本歴史』六九八、二〇〇六年
池田温「裴世清と高表仁」『東アジアの文化交流史』吉川弘文館、二〇〇二年、初出一九七一年
井上光貞「庚午年籍と対氏族策」『日本古代史の諸問題』思索社、一九四九年
榎本淳一「遣唐使の役割と変質」『岩波講座日本歴史』古代3、岩波書店、二〇一四年

葛継勇「祢軍の倭国出使と高宗の泰山封禅」『日本歴史』七九〇、二〇一四年
門脇禎二『「大化改新」史論』上、思文閣出版、一九九一年
坂上康俊「律令制の形成」『岩波講座日本歴史』古代3、岩波書店、二〇一四年
西嶋定生『日本歴史の国際環境』東京大学出版会、一九八五年
森公章『天智天皇』人物叢書、吉川弘文館、二〇一六年
李成市「六―八世紀の東アジアと東アジア世界論」『岩波講座日本歴史』古代2、岩波書店、二〇一四年

第三章

池内宏「高句麗滅亡後の遺民の叛乱及び唐と新羅との関係」『満鮮史研究　上世第二冊』吉川弘文館、一九六〇年
井上光貞「日本律令の成立とその注釈書」『日本古代思想史の研究』岩波書店、一九八二年、初出一九七六年
王連龍「百済人《祢軍墓誌》墓誌」『社会科学戦線』二〇一一年七期
小倉慈司「道昭」鎌田元一編『古代の人物1　日出づる国の誕生』清文堂出版、二〇〇九年
葛継勇「「風谷」と「盤桃」、「海左」と「瀛東」」『東洋学報』九五―二、二〇一三年
北村秀人「朝鮮における「律令制」の変質」井上光貞ほか編『東アジア世界における日本古代史講座』七、学生社、一九八二年
神野志隆光『「日本」国号の由来と歴史』講談社学術文庫、二〇一六年
古代東アジア史ゼミナール「祢軍墓誌訳注」『史滴』三四、二〇一二年
小林敏男『日本国号の歴史』吉川弘文館、二〇一〇年
鈴木靖民「百済救援の役後の日唐交渉」『日本の古代国家形成と東アジア』吉川弘文館、二〇一一年、初出一九七二年
東野治之「『続日本紀』の「大略以浄御原朝庭為准正」」『日本歴史』四五三、一九八六年
――「遣唐使の朝貢年期」『遣唐使と正倉院』(前掲)、初出一九九〇年
――「百済人祢軍墓誌の「日本」」、「日本国号の研究動向と課題」『史料学探訪』岩波書店、二〇一五年、初出二〇

一二年、二〇一三年
早川庄八「飛鳥浄御原「官員令」私考」青木和夫先生還暦記念会編『日本古代の政治と文化』吉川弘文館、一九八七年
古畑徹「七世紀末から八世紀初にかけての新羅・唐関係」『朝鮮学報』一〇七、一九八三年
吉田孝「律令における雑徭の規定とその解釈」「名例律継受の諸段階」『続律令国家と古代の社会』岩波書店、二〇一八年、初出一九六二年、一九七八年
――『日本の誕生』岩波新書、一九九七年

第四章・第五章

青木和夫「雇役制の成立」『日本律令国家論攷』(前掲)、初出一九五八年
井上光貞「日本の律令体制」『岩波講座世界歴史』6、岩波書店、一九七一年
榎本淳一「養老律令試論」笹山晴生先生還暦記念会編『日本律令制論集』上、吉川弘文館、一九九三年
大隅清陽「律令官僚制と天皇」『岩波講座日本歴史』古代3、岩波書店、二〇一四年
大津透「吐魯番文書と律令制」土肥義和編『敦煌・吐魯番出土漢文文書の新研究』東洋文庫、二〇〇九年
狩野久「庸米付札について」『日本古代の国家と都城』東京大学出版会、一九九〇年、初出一九八一年
関晃「律令貴族論」『岩波講座日本歴史』3、岩波書店、一九七六年
東野治之「四等官制成立以前における我国の職官制度」『長屋王家木簡の研究』塙書房、一九九六年、初出一九七一年
中村順昭「律令官司の四等官」『律令官人制と地域社会』吉川弘文館、二〇〇八年、初出一九九八年
早川庄八『日本古代官僚制の研究』岩波書店、一九八六年
――『天皇と古代国家』講談社学術文庫、二〇〇〇年
春名宏昭「律令官制の内部構造」『律令国家官制の研究』吉川弘文館、一九九七年
宮崎市定「日本の官位令と唐の官品令」『宮崎市定全集22 日中交渉』岩波書店、一九九二年、初出一九五九年

森公章「民官と部民制」『弘前大学国史研究』一一八、二〇〇五年
吉川真司「奈良時代の宣」『律令官僚制の研究』塙書房、一九九八年、初出一九八八年
吉田孝『律令国家と古代の社会』岩波書店、一九八三年
――『大系日本の歴史3　古代国家の歩み』小学館、一九八八年(小学館ライブラリー、一九九二年)

第六章

浅香年木『日本古代手工業史の研究』法政大学出版局、一九七一年
大津透「書評　中華思想と諸民族の「統合」」『思想』八五一号、一九九五年
――「古代日本律令制の特質」『思想』一〇六七号、二〇一三年
小澤毅『日本古代宮都構造の研究』青木書店、二〇〇三年
――「飛鳥の都と古墳の終末」『岩波講座日本歴史』古代2、岩波書店、二〇一四年
加藤謙吉『大和政権とフミヒト制』吉川弘文館、二〇〇二年
岸俊男『古代宮都の探究』塙書房、一九八四年
小島憲之「学令の検討」『国風暗黒時代の文学』上、塙書房、一九六八年
佐川英治「六朝建康城と日本藤原京」黄暁芬・鶴間和幸編『東アジア古代都市のネットワークを探る』汲古書院、二〇一八年
関晃『帰化人　古代の政治・経済・文化を語る』至文堂、一九五六年(講談社学術文庫、二〇〇九年)
丸山裕美子「帰化人と古代国家・文化の形成」『岩波講座日本歴史』古代2、岩波書店、二〇一四年

第七章

池田温「盛唐之集賢院」『北海道大学文学部紀要』一九―二、一九七一年
榎本淳一「阿倍仲麻呂」佐藤信編『古代の人物2　奈良の都』清文堂、二〇一六年
大隅清陽「礼と儒教思想」『律令官制と礼秩序の研究』吉川弘文館、二〇一一年、初出二〇〇六年

太田晶二郎「吉備真備の漢籍将来」『太田晶二郎著作集』一、吉川弘文館、一九九一年、初出一九五九年
大平聡「留学生・僧による典籍・仏書の日本将来」『東アジア世界史研究センター年報』二、二〇〇九年
大日方克己「吉備真備」栄原永遠男編『古代の人物3　平城京の落日』清文堂出版、二〇〇五年
――「吉備真備の遺蹟と歴史意識」『社会文化論集（島根大学法文学部紀要）』五、二〇〇九年
高見茂『天平に輝く吉備真備公』吉備人出版、二〇〇三年
東野治之「遣唐使の文化的役割」「唐の文人蕭穎士の招請」『遣唐使と正倉院』（前掲）、初出一九七九年、一九八二年
皆川完一「光明皇后願経五月一日経の書写について」『正倉院文書と古代中世史料の研究』吉川弘文館、二〇一二年、初出一九六二年
宮田俊彦『吉備真備』人物叢書、吉川弘文館、一九六一年
山本幸男「玄昉将来経典と「五月一日経」の書写」『奈良朝仏教史攷』法蔵館、二〇一五年、初出二〇〇六・二〇〇七年

第八章

浅井和春『新編名宝日本の美術6　唐招提寺』小学館、一九九〇年
安藤更生『鑑真大和上伝之研究』平凡社、一九六〇年
――『鑑真』人物叢書、吉川弘文館、一九六七年
榎本淳一「天平宝字元年十一月癸未勅の漢籍について」『史聚』四五、二〇一二年
大平聡「天平勝宝六年の遣唐使と五月一日経」笹山晴生先生還暦記念会編『日本律令制論集』上、吉川弘文館、一九九三年
上川通夫「天平期の天皇と仏教」『日本中世仏教形成史論』校倉書房、二〇〇七年、初出一九八九年
河上麻由子「聖武・孝謙・称徳朝における仏教の政治的意義」『古代アジア世界の対外交渉と仏教』（前掲）、初出二〇一〇年
斎藤融「日本古代における諱忌避制度について」『法政史論』一八、一九八九年

坂本太郎「列聖漢風諡号の撰進について」『日本古代史の基礎的研究』下、東京大学出版会、一九六四年、初出一九三二年
杉本一樹「聖語蔵経巻『四分律』について」『正倉院紀要』二九、二〇〇七年
傳田伊史「弘仁格式における官人任用制について」『延喜式研究』四、一九九〇年
東京国立博物館・国華社・朝日新聞社編『名作誕生　つながる日本美術』二〇一八年
東野治之『鑑真』岩波新書、二〇〇九年
戸崎哲彦「古代中国の君主号と「尊号」」『彦根論叢』二六九、一九九一年
奈良国立博物館編『第五十九回　正倉院展』二〇〇七年
西本昌弘『早良親王』人物叢書、吉川弘文館、二〇一九年
藤野道生「天平勝宝年間における将来経疏私考」『文経論叢(弘前大学人文学部)史学篇』V・VI、一九七〇、一九七一年
淵田雄「新宝蔵の木彫」大橋一章ほか編『唐招提寺―美術史研究のあゆみ』里文出版、二〇一六年
丸山裕美子「唐と日本の年中行事」『日本古代の医療制度』名著刊行会、一九九八年、初出一九九二年
蓑輪顕量「鑑真の将来した受戒会」『論集日本仏教史における東大寺戒壇院』東大寺、二〇〇八年
山田英雄「古代天皇の諡について」『日本古代史攷』(前掲)、初出一九七三年
吉川真司「天平文化論」『岩波講座日本歴史』古代3、岩波書店、二〇一四年
米田雄介「聖語蔵経巻と玄奘三蔵」『正倉院紀要』二三、二〇〇一年
――「聖語蔵本『成唯識論』巻四と慈恩大師」『正倉院紀要』二六、二〇〇四年
渡辺晃宏『日本の歴史04　平城京と木簡の世紀』講談社、二〇〇一年(講談社学術文庫、二〇〇九年)

おわりに

家永三郎『上代倭絵全史　改訂重版』名著刊行会、一九九八年、初版一九四六年
彌永貞三「古代の釈奠について」『日本古代の政治と史料』高科書店、一九八八年、初出一九七二年

大隅清陽「桓武天皇」吉川真司編『古代の人物4　平安の新京』清文堂出版、二〇一五年
大津透『日本の歴史06　道長と宮廷社会』講談社、二〇〇一年(講談社学術文庫、二〇〇九年)
川尻秋生「平安時代における格の特質」『日本古代の格と資財帳』吉川弘文館、二〇〇三年、初出一九九四年
高取正男『神道の成立』平凡社、一九七九年(平凡社ライブラリー、一九九三年)
瀧川政次郎「革命思想と長岡遷都」『法制史論叢』二、角川書店、一九六七年
東野治之『遣唐使船　東アジアのなかで』朝日選書、一九九九年、初出一九九四年
――「日本古代の『春秋』受容」『史料学遍歴』雄山閣、二〇一七年、初出二〇〇〇年
西本昌弘『日本古代儀礼成立史の研究』塙書房、一九九七年
橋本義彦「即位儀礼の沿革」『日本古代の儀礼と典籍』青史出版、一九九九年、初出一九九一年
古瀬奈津子「儀式における唐礼の継受」『日本古代王権と儀式』吉川弘文館、一九九八年、初出一九九二年

あとがき

「そのうち何か書きますから」と言って、岩波新書編集部の古川義子さんに依頼を断ったのは、一〇年以上前である。岩波書店の大きな企画の編集にあたっていて、とても余裕がなかったのだが、その後もあまりやる気が湧かなかった。三年ほど前にようやくとりかかることになったが、その古川さんにお願いして、亡くなった吉田孝先生の残された論文をまとめて著書を出版させてもらうことになった(『続 律令国家と古代の社会』岩波書店、二〇一八年)。そのため執筆がまた遅れたのだが、その作業のなかで吉田先生の浄御原令など律令制解明への熱い想いを感じ、律令制の成立と展開について研究して執筆しなければならないと痛感するようになった。本書の刊行は、ある意味で吉田先生の著書編集の副産物であり、その遺志をうけついでいるとも言えるだろう。

近年、歴史学の――あるいは人文学の――「知」が重んじられなくなっている。学生と接していても、ウィキペディアの記載と、背後に厖大な研究史がある『国史大辞典』(吉川弘文館)の記述との差が感じられないようで、学問の危機的状況を感じる。本書の執筆にあたっては、新書とはいえ書き流すことはせず、できるだけ史料を引き先行研究にふれ、論拠を示した。読みづらくなったかもしれないがご寛恕を乞いたい。

二〇年ほど前に、天皇制について岩波新書を書いたらと優れた編集者にしきりに勧められたことがある。そのことを言ったら、当時院生だったA氏に、「先生、まだいいでしょ」と言われ、感心したことを覚えている。これはあるべき新書のイメージだったのだが、現在はかなり変わってしまったように感じる。三〇〇枚に満たない叙述であるが、一定の学術成果にもとづく、歴史学の「知」として、読んでいただければと思う。

執筆が遅れたことでいいこともあった。昨年末に初校ゲラを返したのだが、その数日後に、開元二十二年(七三四)六月に洛陽で逝去した李訓という唐の中級官人の墓誌の最後に、「日本国朝臣備書す」とあり、この「朝臣備」は吉備(当時は下道)朝臣真備に比定でき、吉備真備がこの墓誌の書にあたったというニュースが北京から伝えられた。墓誌の出自などなお慎重な検討が必要だろうが、真備は帰国直前に筆をとったことになり、李訓は賓客を掌る鴻臚寺丞(従六品上)であったから知遇を受けたのだろう。本書では真備に一章をあててその功績を高く評価しているのだが、まさか留学中の活躍がわかり、石刻とはいえ真備自身の書が残された史料が発見されるとは思わなかった。本当に驚きで、喜びにたえない。

一九九九年に中国の寧波天一閣に『北宋天聖令』の写本が伝存していることが発見され、唐令の復原研究が、それにより日唐令の比較研究が新たな段階を迎えることになった。二〇〇六年になってようやく中国社会科学院歴史研究所によって、『天一閣蔵明鈔本天聖令校證』として全文が公刊され、唐令の復原案も提示された。これをうけて、二〇〇五年に筆者が研究代表者として科学研究費の交付をうけて研究組織を作り、それ以来断続的に四度の科研費・基盤研究(B)の交付をうけて日唐律令制の比較研究をテーマとする研究会活動を続けてきた。

本書も、二〇一九年度の基盤研究(B)「日本古代国家における中国文明の受容とその展開――律令制を中心に」の成果ということになるが、これまでの長期にわたる研究活動の成果と言うべきものである。坂上康俊氏(九州大学)をはじめ一々お名前はあげないが、長年一緒に研究をしてきたメンバーに厚くお礼を申し上げたい。

研究成果を発信する場として、史学会大会で二度のシンポジウムを開いたが、国際東方学者会議(ICES)でも隔年でくり返しシンポジウムを開催させてもらった。日本古代史だけでなく中国史や国文学の研究者など多くの方に参加していただいたが、とりわけ黄正建氏を中心とする歴史研究所の「天聖令」課題組メンバーをお招きして、研究交流を深めることができたことが有意義だった。中国各地で行なった科研費による調査旅行とあわせて、日中の国境を越えた学術交流の中で、本書は生まれたことを記しておきたい。招聘事務を担当した東方学会事務局や調査旅行の手配にあたった旅行会社も含め、お世話になった多くの方々に感謝申し上げたい。

最後になったが、本書の刊行にあたっては、古川さんが異動になったため、かわって飯田建氏に進行や索引作成など大変お世話になった。多くの誤りと疑問を指摘していただいた校正担当の方とあわせ、記して謝意を表したい。

二〇二〇年一月

大津　透

索　引

あ　行

飛鳥浄御原律　58
飛鳥浄御原令　43, 44, 54–56, 58, 59, 62, 82, 86, 88, 95, 102, 107, 110
　官位令　44, 56
　官員令　56
　考仕令　56
　戸令　55, 56
　神祇令　58
　雑令　58
　賦役令　58
阿知使主　119
阿倍仲麻呂　146, 147, 157
阿倍安麻呂　131
天神の寿詞　107, 108, 187
アマテラス　60, 108
荒田井直比羅夫　118
粟田真人(道観)　59, 60, 62, 63, 65, 123
位階制　44, 79, 95, 105
伊吉連博徳　38, 54
『維城典訓』　166, 167
伊勢神宮　90, 180, 181
一木造　151, 153
一切経　134
　—写経事業　143
　—書写　115
犬上御田鍬　18, 23, 24
位封　97
伊予部家守(伊与部)　182, 183
位禄　97
宇多天皇　193
卯杖(椿杖)　176, 177
永徽律　57
永徽律令　77
恵雲　26
恵穏　26
恵光　21
恵斉　21
慧慈　6
恵日　21–23, 33, 114
恵美押勝(仲麻呂)の乱　148, 166, 173
『延喜式』　89, 90, 169
　刑部式　55
　諸国釈奠式　189
　釈奠式　189
円澄　65
円融上皇　175
『延暦僧録』　146, 147, 158
王辰爾　119
淡海三船　154, 171
近江令　42, 43
大伴馬養　24
大友皇子　42, 44
大伴古麻呂　146, 154, 156, 157, 165
大伴家持　174
大伴山守　131
大祓　114
刑部親王　73
他戸親王　179
小野妹子　5, 7, 10, 11, 15, 16
小野石根　182
『小野宮年中行事』　189
蔭位の制　97

か　行

『開元釈教録』　143
開元令　105
　鹵簿令　105, 107
開皇律令　21, 22, 58
戒壇院(東大寺)　158, 160
『懐風藻』　44, 63, 171
科挙　3, 147
『楽書要録』　132–134
郭務悰　38, 40, 52, 66

索　引

甲子の宣　43, 45
加耶(伽耶)　4, 119
河辺臣麻呂　33
冠位十二階　7, 44, 95
官位相当制　44, 56, 95
官位二十六階　43, 44
元日朝賀　7, 41, 139–141, 156, 185, 186
『漢書』　135, 136, 169
鑑真　146–148, 152–166, 170
官人永業田　83, 190
漢風諡号　171, 172
桓武天皇(山部親王)　131, 172, 179–182, 184, 185, 187
帰化人　73, 113–115, 117–122, 124–126, 173, 179, 181
義慈王(扶余義慈)(百済)　27, 35, 67
『儀式』　189
鬼室集斯　114
鬼室福信　36, 114
吉士長丹　32, 33
議政官　78, 97, 99
畿内政権論　99
紀男麻呂　4
紀椽姫　184
鬼ノ城　i–v
吉備泉　131
『吉備大臣入唐絵巻』　130
吉備真備　129–132, 134–136, 138, 142, 145, 146, 156, 160, 168, 169, 178, 181, 182
経論　36, 143
跪礼　185
季禄　97
金春秋(武烈王)(新羅)　27, 31, 32, 34
金仁問　38, 40, 49
均田制(北魏～唐)　3, 83–85
欽明天皇　14
『愚志』　155
具足戒　158–160, 162
『旧唐書』　35, 38
　百済伝　37, 69
　新羅伝　49
　薛仁貴伝　50
　日本伝　60, 62, 64, 131, 134
　劉仁軌伝　37, 39
　倭国伝　23, 25, 32, 60, 64
国造　29, 30, 81, 86, 90, 109, 191
国造制　30, 84
郡　28, 81, 91
郡司　28, 29, 86, 90, 91, 109, 191
経書　121, 122
計帳　28, 79, 81, 82, 90, 91
顕慶礼(永徽礼)　133, 134
『元亨釈書』　143
建康城　123
羂索堂　153, 157
玄奘三蔵　36, 163
賢聖障子　192, 193
玄宗　15, 77, 131, 136, 146, 147, 156, 160, 170–172, 193
玄昉　134, 142–145
憲法十七条　7
庚寅年籍　55, 82
『孝経』　79, 121, 122
皇極天皇(斉明天皇，宝皇女)　26, 30, 31, 34, 36
弘景　159, 164
孝謙天皇(太上天皇，称徳天皇，阿倍内親王，皇太子)　136, 140, 141, 145, 157–160, 165, 166, 170, 171, 174, 177–179, 181
庚午年籍　29, 44, 45, 82
郊祀　179–181
高宗　13, 33–35, 37, 39, 49, 51, 77, 148, 193
高祖(漢)　119
孝徳天皇(軽皇子)　28, 31, 33, 34, 171
『弘仁格』　167, 169, 173
『弘仁格式』　42, 43
『弘仁式』　148, 189
光仁天皇(白壁王)　172, 179, 180, 182, 184
高表仁　23, 24

光明皇后(皇太后)　115, 140, 143, 157, 162, 166, 173
黄櫨染の衣　142, 188, 189
評　28-30, 81, 91
「五月一日経」　143, 162
『後漢書』　135, 148, 169
『五経正義』　169
『古今冠冕図』　140
『古今和歌集』　147
国風諡号　172
『古今著聞集』　193
戸籍(籍帳)　28, 29, 44, 55, 79, 81, 82, 90, 91, 100, 117
胡族　120
古代山城　i, ii
「国家珍宝帳」　173
古典的国制　191
袞衣　141, 142
墾田永年私財法　190
袞冕十二章　140-142, 188, 189

さ　行

『西宮記』　140, 177
祭政一致　185
最澄　165, 192
再拝舞踏(再拝)　185, 186
佐伯今毛人　182
嵯峨天皇　103, 186, 187
坂上忌寸忍熊　118
冊封　3, 18, 21, 23, 25, 41, 50, 51, 61, 65, 69
『冊府元亀』　25, 132
早良親王　153
『三国史記』　57, 67, 68
　新羅本紀　50
『三国仏法伝通縁起』　144
三十足机　176
三種の神器　108
『史記』　17, 61, 135, 136, 169
『史記正義』　61
施基皇子　179, 184
職封　97
『式目抄』　73
始皇帝(秦)　119
『資治通鑑』　50
史生　167
氏姓制度　108, 110
氏族制(氏族制原理)　80, 81, 100, 138, 139, 187, 188
思託　147, 154, 158
志忠　157, 158, 160
四等官　59, 63, 101, 167
　—制　95, 101-103
持統天皇　62, 107
士農工商　116
四拝拍手　185, 186
『四分律』　155, 161-163
下道圀勝　130, 131
『沙弥十戒ならびに威儀経疏』　164
舎利　36, 161
『周易』　79, 121
『周易正義』　169
集賢院　136
『周礼』　123, 133, 165, 175
『春秋』　182-184
　公羊伝　182-184
　穀梁伝　182, 183
　左氏伝　79, 121, 182-184
淳和天皇(大伴親王)　173
淳仁天皇(大炊王)　165, 166, 171
『貞観格』　188-190
　『貞観臨時格』　190
『貞観式』　189
『貞観政要』　193, 195
貞観律令　77
『貞観礼』　133
『上宮聖徳法王帝説』　14
祥彦　156
聖語蔵　163
『尚書』　121
『尚書正義』　169
正税　100, 191
正倉院　140, 141, 162, 173
　—文書　82, 115, 139, 162

　―宝物　173–176
聖徳太子　5, 6, 10, 14, 21, 22
定賓　155, 161, 164
聖武天皇(太上天皇，上皇)　15, 77, 78, 139–141, 144, 145, 157–160, 165, 170, 173, 184
『成唯識論』　144, 163
『小右記』　175
『続日本紀』　iii, 36, 59, 77, 109, 114, 115, 118, 119, 130, 133–135, 139, 140, 142, 145, 146, 148, 156, 166–168, 170, 173, 177, 178, 181, 183
　延暦 6 年(787)11 月甲寅条　179
　大宝元年(701)8 月癸卯条　58
　天平 7 年(735)4 月辛亥条　132
　天平勝宝 6 年(754)正月壬子条　154
『続日本後紀』　186
諸臣四十八階制(諸王十二階)　44, 56
舒明天皇(田村皇子)　22, 23, 25, 26
白猪史宝然(骨)　53, 54
神祇官　79, 98, 109
親蚕　174, 175
『晋書』　169
審祥　140
壬申の乱　iv–vi, 42, 53, 62
『新撰姓氏録』　119
『新唐書』　146
　新羅伝　49
　日本伝　33, 41, 60
神武天皇　12, 171, 172
推古天皇　5, 7, 11, 14, 22, 172
『隋書』　5–8, 10, 15, 18
　高句麗伝　3
　倭国伝　7, 11
「図書寮経」　162
スメラミコト　15–17, 104
聖明王　4
清和天皇　189
釈奠　135, 145, 178, 182
籍田　174, 175, 177
『切韻』　182
『説文』　182
宣　102, 104
泉蓋蘇文　27, 41
践祚(剣璽渡御の儀)　107, 187
鮮卑族　120
宣命(宣命体)　17, 104, 105
宣明暦　169
『善隣国宝記』　38, 52, 66
『宋書』倭国伝　124
造平城宮司　103, 118
蘇我入鹿　22, 26, 27
蘇我馬子　4, 21
蘇我蝦夷　26, 27
即位(即位礼)　187–189
即位宣命　187
『即位部類記』　194
則天武后　53, 61, 62, 133, 158, 159, 167, 170
租庸調　84, 91
尊号　13, 171, 172

た　行

大衍暦　169
『太衍暦経』　132, 133
『太衍暦立成』　132
大化改新(大化の改新)　iv, 26–28, 30, 31, 43, 45, 91, 125
　―の詔　28, 29, 82, 84, 87, 91
大業律令　22, 59
泰山　39–41
大嘗祭　58, 108–110, 186, 187
太宗　21, 23, 25, 27, 32, 77, 169, 172, 193, 194
『太宗実録』　25
『大宋屏風』　193
『大智度論』　9
『大唐開元礼』　133, 134, 148, 182, 189
『大唐郊祀録』　180
大宝名例律　57
大宝律　73
大宝律令　vii, 28, 54, 58, 62–64, 73, 74, 80, 110

大宝令　16, 28, 44, 55, 56, 58, 59, 73, 74, 82, 87, 88, 116, 117, 123, 124, 134, 139, 142
　官位令　116
　官員令　116
　戸令　117
　選叙令　117
　賦役令　87
　禄令　117
『内裏式』　177, 187
「大和上鑑真伝」　154
高田根麻呂　32
高野新笠　179, 184
高向玄理(黒麻呂)　26, 30, 31, 33, 125
高市皇子　54
大宰府　iv, vi, 54, 165
多治比県守　131
多治比広成　132, 143, 154
太政官　78, 79, 82, 98, 99, 125, 143, 166, 183
橘奈良麻呂の変　165
田の調　28, 29, 81, 91
智顗　158, 164
智周　144
調(御調，ツキ，ミツキ)　28, 29, 45, 85, 91, 97, 100
長安城　122, 123, 132
趙玄黙　131, 136
朝鮮式山城　iii, iv, 118, 148
ツカサ　108, 126
調忌寸老人　114
『通典』　5, 25
祢軍　38, 65–69
　一墓誌　61, 65, 68, 119
天智天皇(中大兄皇子)　26–28, 30, 31, 34, 41–43, 52, 53, 179, 184, 188
天寿国繡帳　14
田租(タチカラ)　88, 89, 91, 100
天孫降臨神話　188
天武天皇(大海人皇子)　v, vi, 52, 62
天命思想　180
唐衣服令　189
『唐会要』　39, 58, 131
　巻 99 倭国　25, 33, 41
『東観漢記』　135, 136, 148, 169
『唐決集』　65
道慈　64, 155, 156
『藤氏家伝』　42
道昭　36, 163
唐招提寺　151, 153, 157, 161, 165
　伝衆宝王菩薩立像　151, 153
　伝薬師如来立像　151
「道」制　vi
道宣　160, 161, 163, 164
道璿　155
東大寺大仏開眼会　140, 141, 155
『東大寺要録』　146
『唐大和上東征伝』　152, 154, 155, 157, 158, 160, 161
唐法　186, 187
唐律　57, 76, 138
『唐律疏議』　76
唐令　56, 58, 74, 76, 80, 83–85, 87, 95, 99, 105, 116, 121, 122, 172
『唐令拾遺』　83
　学令　82, 121
　戸令　82, 116, 117
　選挙令　82, 116
『唐令拾遺補』　116
吐魯番文書　25, 83
唐礼　187, 189
『唐礼』　132, 133
舎人親王　171
伴造　113
　一制　100, 103
伴善男　173

な　行

中臣鎌足(藤原鎌足)　30, 42, 43, 173
中臣名代　154, 155
長屋王　78, 99
難波宮　118
二官八省制　29, 95, 98
『二中歴』　136

『日本紀略』　182, 186, 188
『日本後紀』　186
『日本国見在書目録』　134, 135
『日本三代実録』　190
『日本書紀』　iv, v, 5, 6, 10-12, 14, 18, 21, 24, 26, 28, 30-33, 37-41, 43, 44, 51, 60, 62, 63, 66, 68, 69, 109, 118, 124, 172
　伊吉連博徳書　34, 35
　持統 3 年(689)正月乙卯条　176
　持統 3 年(689)6 月庚戌条　43, 54
　持統 4 年(690)正月戊寅朔日条　107
　推古 15 年(607)7 月庚戌条　10
　天智 4 年(665)8 月条　iii
　天智 10 年(671)正月甲辰条　42
　天武 10 年(681)2 月甲子条　54
『日本書紀』(岩崎本)　21
子日手辛鋤　174
子日目利箒　174

は　行

裴世清　6, 7, 11, 12, 15
帛衣　106, 141, 142, 188, 189
白居易　192
白村江の戦い　iii, iv, vii, 37, 39, 64, 66, 67, 69, 114, 115
土師宿禰甥　53, 54
班田　55, 82-84, 88
　―収授制(―制)　29, 82-84
班田収授の法　28, 81
避諱　172, 173, 177, 185
卑弥呼　106
武王上表文　124
福因　21, 22
『藤波本神祇令』　89
普照　154, 158
藤原京　122, 123
藤原馬養(宇合)　131
藤原乙牟漏　184
藤原清河　145-147, 153, 156, 157, 160
藤原佐世　134
藤原豊成　165
藤原永手　179
藤原仲麻呂(恵美押勝)　74, 145, 165, 166, 169, 171-173, 175, 177, 185
藤原広嗣(―の乱)　144, 145
藤原不比等　73, 74, 78, 165, 173
藤原冬嗣　187
藤原宮子　78, 99, 144
藤原百川　179
『扶桑略記』　131, 133, 135
武徳律令　21, 22, 58
道祖王　165
史部(フヒト，フヒトベ)　101, 102, 113, 114, 119, 124-126
府兵制(北魏)　3
扶余勇(善光王)　37, 69
扶余隆　36-38, 40, 51, 67
古人大兄皇子　26
文書行政　79, 95, 101, 103, 104, 126
文帝(隋)　3, 5, 6, 9, 14, 21, 24, 158
文武王(新羅)　38, 40, 49, 50, 68
平安宮　186
平安京　179
平城宮　86, 186
平城京　122, 123, 148, 179
平城天皇(安殿親王)　181, 187
幣帛(ミテグラ)　89, 90, 109
部民制　29, 30, 45, 87
冕冠　139-141
弁正　63
冕服　139
豊璋(余豊璋)　27, 69
法進　154, 164
封禅の儀　39-41
宝蔵王(高句麗)　27
法隆寺金堂薬師如来像光背銘　13
法礪　161, 164
『北山抄』　189
北宋天聖令　58, 83
菩薩戒　9, 157-160, 165
菩提僊那　155
法相宗　36, 144

『梵網経』　157, 158, 164
『梵網経註』　164

ま　行

『摩訶止観』　164
『枕草子』　177
マヘツキミ(群臣)　4, 8, 23, 98, 99, 102, 103, 108, 125, 126, 188
『万葉集』　63, 174
御取鰒　90
南淵請安(清安)　26
任那　4, 21, 31
旻　24, 30
村上天皇　194
『毛詩』　121
『毛詩正義』　169
『文選』　136
文徳天皇　172, 180
文武天皇　59, 171, 172

や　行

八色の姓　56
野中寺弥勒菩薩半跏像台座銘　14
山背大兄王　22, 26
大和長岡(小東人)　134
山上憶良　63, 64
維躅　65
雄略天皇　124
弓月君　119
庸(チカラシロ)　28-30, 45, 81, 85-87, 91, 97, 100
栄叡　154-156
煬帝　7-11, 15, 18, 59, 158
養老名例律　77
養老律　57
養老律令　vii, 73, 74, 110, 134, 165, 166, 168
養老令　56, 73-75, 87, 116, 118, 142, 168
　医疾令　79, 114
　衣服令　105, 106
　学令　79, 113, 121, 122, 135
　官位令　95
　儀制令　16, 185
　公式令　78, 99, 104, 172
　軍防令　97
　戸令　29, 44, 80, 82, 116, 117, 123
　職員令　56, 101, 103, 123
　神祇令　76, 89, 107-109, 113
　選叙令　97, 116, 117
　喪葬令　106, 188
　僧尼令　76
　田令　29, 82-84, 88
　賦役令　29, 82, 85-89, 91
　禄令　95, 117

ら・わ　行

『礼記』　122, 133, 136, 183, 184
礼服　106, 139-142, 188, 189
六藝　133
六国史　115
律令法　vii, 77, 78, 80, 91, 100, 118, 168, 178, 191
立礼　185
劉仁願　37, 38, 40
劉仁軌　37-39, 49
劉徳高　38-41, 66
霊雲　24
令前租法　88
『令義解』　73, 113, 122, 125
『令集解』　16, 73, 74, 122
　—学令所引　183
　—「古記」　16, 74, 113, 116, 117, 134
霊福　157, 158, 160
『類聚三代格』　169, 173, 189
礼(礼制，礼の秩序)　80, 133, 134, 137-139, 173, 177, 182, 186, 189-191
『老子』　121
『論語』　79, 121, 122
　—学而編　8
論奏　99
王仁　119

図表出典一覧

図 1，図 10，図 20　著者撮影
図 2　石原道博編訳『新訂 魏志倭人伝・後漢書倭伝・宋書倭国伝・隋書倭国伝』岩波文庫，1985 年，132 頁
図 3，図 21　東京国立博物館蔵，Image: TNM Image Archives
図 4　野中寺所蔵
図 5　中宮寺所蔵
図 6　譚其驤主編『中国歴史地図集』第 5 冊(隋・唐・五代十国時期)，上海：地図出版社，1982 年，32-33 頁をもとに著者作成
図 7　Wikimedia Commons
図 8　葛継勇氏提供
図 9　吉田孝『大系日本の歴史 3 古代国家の歩み』小学館，1988 年，154 頁
図 11，図 15～図 19　正倉院宝物(宮内庁正倉院事務所)
図 12　宮内庁所蔵
図 13，図 14　唐招提寺所蔵，文化庁提供

表 1～表 4　著者作成

大津 透

1960年生まれ．東京大学大学院人文科学研究科(国史学専攻)博士課程中退
現在－東京大学大学院人文社会系研究科教授
専攻－日本古代史
著書－『律令国家支配構造の研究』『古代の天皇制』『日唐律令制の財政構造』『日本古代史を学ぶ』(以上，岩波書店)，『日本の歴史 06 道長と宮廷社会』『天皇の歴史 01 神話から歴史へ』(以上，講談社学術文庫)，『日本史リブレット 73 律令制とはなにか』『日本史リブレット人 19 藤原道長』(以上，山川出版社)，『律令制研究入門』(編，名著刊行会)，『日唐律令比較研究の新段階』(編，山川出版社) ほか

律令国家と隋唐文明　　岩波新書(新赤版)1827

2020年2月20日　第1刷発行
2023年8月17日　第3刷発行

著　者　大《おお》津《つ》　透《とおる》

発行者　坂本政謙

発行所　株式会社 岩波書店
〒101-8002 東京都千代田区一ツ橋 2-5-5
案内 03-5210-4000　営業部 03-5210-4111
https://www.iwanami.co.jp/

新書編集部 03-5210-4054
https://www.iwanami.co.jp/sin/

印刷・三陽社　カバー・半七印刷　製本・中永製本

ISBN 978-4-00-431827-9　　Printed in Japan

岩波新書新赤版一〇〇〇点に際して

ひとつの時代が終わったと言われて久しい。だが、その先にいかなる時代を展望するのか、私たちはその輪郭すら描きえていない。二〇世紀から持ち越した課題の多くは、未だ解決の緒を見つけることのできないままであり、二一世紀が新たに招きよせた問題も少なくない。グローバル資本主義の浸透、憎悪の連鎖、暴力の応酬——世界は混沌として深い不安の只中にある。

現代社会においては変化が常態となり、速さと新しさに絶対的な価値が与えられた。消費社会の深化と情報技術の革命は、種々の境界を無くし、人々の生活やコミュニケーションの様式を根底から変容させてきた。ライフスタイルは多様化し、一面では個人の生き方をそれぞれが選びとる時代が始まっている。同時に、新たな格差が生まれ、様々な次元での亀裂や分断が深まっている。社会や歴史に対する意識が揺らぎ、普遍的な理念に対する根本的な懐疑や、現実を変えることへの無力感がひそかに根を張りつつある。そして生きることに誰もが困難を覚える時代が到来している。

しかし、日常生活のそれぞれの場で、自由と民主主義を獲得し実践することを通じて、私たち自身がそうした閉塞を乗り超え、希望の時代の幕開けを告げてゆくことは不可能ではあるまい。そのために、いま求められていること——それは、個と個の間で開かれた対話を積み重ねながら、人間らしく生きることの条件について一人ひとりが粘り強く思考することではないか。その営みの糧となるものが、教養に外ならないと私たちは考える。歴史とは何か、よく生きるとはいかなることか、世界そして人間はどこへ向かうべきなのか——こうした根源的な問いとの格闘が、文化と知の厚みを作り出し、個人と社会を支える基盤としての教養となった。まさにそのような教養への道案内こそ、岩波新書が創刊以来、追求してきたことである。

岩波新書は、日中戦争下の一九三八年一一月に赤版として創刊された。創刊の辞は、道義の精神に則らない日本の行動を憂慮し、批判的精神と良心的行動の欠如を戒めつつ、現代人の現代的教養を刊行の目的とする、と謳っている。以後、青版、黄版、新赤版と装いを改めながら、合計二五〇〇点余りを世に問うてきた。そして、いままた新赤版が一〇〇〇点を迎えたのを機に、人間の理性と良心への信頼を再確認し、それに裏打ちされた文化を培っていく決意を込めて、新しい装丁のもとに再出発したいと思う。一冊一冊から吹き出す新風が一人でも多くの読者の許に届くこと、そして希望ある時代への想像力を豊かにかき立てることを切に願う。

（二〇〇六年四月）

日本史

上杉鷹山 「富国安民」の政治	小関悠一郎
藤原定家『明月記』の世界	村井康彦
性からよむ江戸時代	沢山美果子
景観からよむ日本の歴史	金田章裕
律令国家と隋唐文明	大津透
伊勢神宮と斎宮	西宮秀紀
百姓一揆	若尾政希
給食の歴史	藤原辰史
大化改新を考える	吉村武彦
江戸東京の明治維新	横山百合子
戦国大名と分国法	清水克行
東大寺のなりたち	森本公誠
武士の日本史	髙橋昌明
五日市憲法	新井勝紘
後醍醐天皇	兵藤裕己
茶と琉球人	武井弘一
近代日本一五〇年	山本義隆
語る歴史、聞く歴史	大門正克
義経伝説と為朝伝説 日本史の北と南	原田信男
出羽三山 山岳信仰の歴史を歩く	岩鼻通明
日本の歴史を旅する	五味文彦
一茶の相続争い	高橋敏
鏡が語る古代史	岡村秀典
日本の近代とは何であったか	三谷太一郎
戦国と宗教	神田千里
古代出雲を歩く	平野芳英
自由民権運動 〈デモクラシー〉の夢と挫折	松沢裕作
風土記の世界	三浦佑之
京都の歴史を歩く	小林丈広 高木博志 三枝暁子
蘇我氏の古代	吉村武彦
昭和史のかたち	保阪正康
「昭和天皇実録」を読む	原武史
生きて帰ってきた男	小熊英二
遺骨 戦没者三一〇万人の戦後史	栗原俊雄
在日朝鮮人 歴史と現在	水野直樹 文京洙
京都〈千年の都〉の歴史	高橋昌明
唐物の文化史◆	河添房江
小林一茶 時代を詠んだ俳諧師	青木美智男
信長の城	千田嘉博
出雲と大和	村井康彦
女帝の古代日本	吉村武彦
秀吉の朝鮮侵略と民衆	北島万次
コロニアリズムと文化財	荒井信一
特高警察	荻野富士夫
朝鮮人強制連行	外村大
古代国家はいつ成立したか	都出比呂志
渋沢栄一 社会企業家の先駆者	島田昌和
漆の文化史	四柳嘉章
平家の群像 物語から史実へ	高橋昌明
シベリア抑留	栗原俊雄

岩波新書より

世界史

スペイン史10講	立石博高
ヒトラー	芝 健介
ユーゴスラヴィア現代史〔新版〕	柴 宜弘
東南アジア史10講	古田元夫
チャリティの帝国	金澤周作
太平天国	菊池秀明
ドイツ統一	アンドレアス・レダー 板橋拓己訳
人口の中国史	上田 信
カエサル	小池和子
世界遺産	中村俊介
奴隷船の世界史	布留川正博
独ソ戦 絶滅戦争の惨禍	大木 毅
イタリア史10講	北村暁夫
フランス現代史	小田中直樹
移民国家アメリカの歴史	貴堂嘉之
フィレンツェ	池上俊一
マーティン・ルーサー・キング	黒﨑 真
ナポレオン	杉本淑彦
ガンディー 平和を紡ぐ人	竹中千春
イギリス現代史	長谷川貴彦
ロシア革命 破局の8か月	池田嘉郎
天下と天朝の中国史	檀上 寛
孫 文	深町英夫
古代東アジアの女帝	入江曜子
新・韓国現代史	文 京洙
ガリレオ裁判	田中一郎
人間・始皇帝	鶴間和幸
袁 世 凱	岡本隆司
二〇世紀の歴史	木畑洋一
イギリス史10講	近藤和彦
植民地朝鮮と日本	趙 景達
シルクロードの古代都市	加藤九祚
中華人民共和国史〔新版〕	天児 慧
物語 朝鮮王朝の滅亡◆	金 重明
新・ローマ帝国衰亡史	南川高志
近代朝鮮と日本	趙 景達
マヤ文明	青山和夫
北朝鮮現代史◆	和田春樹
四字熟語の中国史	冨谷 至
李 鴻 章	岡本隆司
新しい世界史へ	羽田 正
パル判事	中里成章
グランドツアー 18世紀イタリアへの旅	岡田温司
マルコムX	荒このみ
パリ 都市統治の近代	喜安 朗
ノモンハン戦争 モンゴルと満洲国	田中克彦
中国という世界	竹内 実
ウィーン 都市の近代	田口 晃
紫 禁 城	入江曜子
ジャガイモのきた道	山本紀夫
北 京	春名 徹
創氏改名	水野直樹

岩波新書より

岩波新書より

シリーズ アメリカ合衆国史

植民地から建国へ 19世紀初頭まで 和田光弘

南北戦争の時代 19世紀 貴堂嘉之

20世紀アメリカの夢 世紀転換期から一九七〇年代 中野耕太郎

グローバル時代のアメリカ 冷戦時代から21世紀 古矢旬